Thomas Michalski
LOVECRAFT UND DUVE

Über dieses Buch

H.P. Lovecraft und Karen Duve – zwei Schriftsteller, die auf den ersten Blick keinerlei Parallelen zueinander aufzuweisen scheinen. Der eine einer der Begründer der modernen, amerikanischen Schauerliteratur, die andere eines der Aushängeschilder der Bewegung, die als deutsches „Fräuleinwunder" tituliert für junge Autorinnen um die Jahrtausendwende stand. Er oftmals gelesen als eine Verkörperung eines längst vergangenen Weltbildes, das von Kreativität genauso geprägt war wie durch die Furcht vor dem Fremden, sie ein Beispiel für die progressive, furcht- und tabulose Literatur junger, deutscher Schriftsteller. Als Duve zur Welt kam, war Lovecraft bereits 24 Jahre verstorben.

Und doch finden sich in Texten der beiden Autoren Parallelen. Lovecraft wie Duve verwenden in einigen ihrer bekanntesten Texte das Motiv humanoider Fisch-Mensch-Hybriden; doch wo formale Ähnlichkeit herrscht, findet sich zugleich große, inhaltliche Differenz.

Wie aber kommt es dazu? Warum ist dieses in sich eigenwillige Motiv so einprägsam, und doch zugleich so offen, dass es grundverschiedenen Schriftstellern mit fast diametralen Ansichten dennoch gleichermaßen dienen kann?

Dieses Buch begibt sich auf die Suche nach einer Antwort.

Über Thomas Michalski

Thomas Michalski wurde am 16. Februar 1983 in Euskirchen geboren und wuchs danach in Schleiden in der Eifel auf. 2003 zog er nach Aachen und studierte dort Germanistische und Allgemeine Literaturwissenschaft sowie Philosophie an der RWTH Aachen.

Er lebt weiterhin in Aachen, ist der Autor mehrerer Bücher und arbeitet derzeit freiberuflich als Übersetzer, Lektor und Setzer, sowie gelegentlich als Grafiker und Fotograf.

Thomas Michalski

Lovecraft und Duve

Das Motiv humanoider Fisch-
Mensch-Hybriden in den
Werken von H.P. Lovecraft und
Karen Duve

© 2013 Thomas Michalski

Text, Satz und Einbandgestaltung: Thomas Michalski
Lektorat: Lina Goege, Julia Fink
Herstellung und Verlag: Books on Demand GmbH, Norderstedt

ISBN: 978-3-732-27348-5

Bibliografische Information
der Deutschen Nationalbibliothek

Die Deutsche Nationalbibliothek verzeichnet diese Publikation in der Deutschen Nationalbibliografie; detaillierte bibliografische Daten sind im Internet über http://dnb.dnb.de abrufbar.

Für all jene, die stets bereit sind, auch lange Wege mit mir zu beschreiten.

Inhalt

Vorwort 7

1 Einleitung 11
2 Die Primärtexte 13
2.1 H.P. Lovecraft 13
2.1.1 Über H.P. Lovecraft 13
2.1.2 Schatten über Innsmouth 14
2.1.3 Zur Auswahl der Textfassung 17
2.2 Karen Duve 18
2.2.1 Über Karen Duve 18
2.2.2 Über Im tiefen Schnee ein stilles Heim 19
3 Die Darstellung der Fischwesen 25
3.1 Das Motiv in Schatten über Innsmouth 25
3.1.1 Die primäre Textstelle 25
3.1.2 Das generelle Motiv 27
3.1.3 Lovecraft und das Meer 31
3.1.4 Lovecrafts direkte Inspiration 33
3.1.5 Von der anderen Seite betrachtet: Schatten
über Innsmouth als Utopie 37
3.1.6 Zusammenfassende Deutung 38
3.2 Das Motiv in Im tiefen Schnee ein stilles
Heim 40
3.2.1 Die primären Textstellen 40
3.2.2 Das generelle Motiv 41
3.2.3 Duve und mythische Wesenheiten 45
3.2.4 Die Novelle als Märchen-Allegorie 46
3.2.5 Zusammenfassende Deutung 48
3.2.6 Ist Anita ein verlässlicher Erzähler? 49
4 Das Motiv des humanoiden Fisch-
Mensch-Hybriden 51

4.1	Lovecraft und Duve	51
4.1.1	Formale Parallelen in beiden Texten	51
4.1.2	Motivbezogene Parallelen	53
4.1.3	Eindeutige Abweichungen	55
4.1.4	Duve als Epigone Lovecrafts?	56
4.2	Gemeinsame Ursprünge des Motivs?	57
4.2.1	Volkssagen und Märchen	57
4.2.2	Literarische Grundlagen	58
5	Schlussfolgerungen und Deutung	61
5.1	Die Angst vor dem Unbekannten	61
5.2	Das Fremde in unserer Mitte	62
5.3	Die Ebene der Sexualität als eindeutige Differenz	63
5.4	Das kollektive Unbewusste als Erklärungsansatz	64
5.5	Ungeklärt bleibende Fragen	67
6	Fazit	69
Nachwort		73
Danksagungen		79
Bibliographie		83
Primärliteratur		83
Ergänzende Primärliteratur		83
Sekundärliteratur		84

Vorwort

Als Hans Magnus Enzensberger im Vorwort zur publizierten Fassung seiner Dissertation – 1961 bei Hanser unter dem Titel „Brentanos Poetik" veröffentlicht – schrieb, dass es ihm nicht gelungen sei, den Text aus dem Germanistischen ins Deutsche zu übersetzen, hat er mutmaßlich viele Feuilletonisten glücklich gemacht, denn das Zitat tauchte anschließend wieder und wieder auf.

Es steckt in diesen Worten jedoch auch abseits der Selbstaussage eine Erkenntnis, die in der Tat Beachtung verdient. Dass überhaupt die Notwendigkeit einer solchen „Übersetzung" im weiteren Sinne besteht, ist Sprache und Form der Wissenschaft geschuldet. Doch in dem gleichen Maße, wie Fachjargon und etablierter Formalismus sicherlich ihre Daseinsberechtigung haben – da mit ihnen eine Eindeutigkeit und Präzision einhergeht, die sich in der Alltagssprache manchmal verweigert –, sind sie zugleich doch auch ein Problemfaktor, der verhindert, dass eine breite Leserschaft Zugang zur Fachliteratur erhält.

Mancher Zyniker sagte schon einmal, dass das vielleicht eine elfenbeinturmhafte Absicht sei. Während dies in solcher Pauschalität aber sicher nicht haltbar, jedoch auch nicht in jedem Fall von der Hand zu weisen ist, kann ich zumindest sicher sagen, dass es für mich ein Anliegen war, gut lesbar zu sein. Als ich die Entscheidung traf, „Das Motiv humanoider Fisch-Mensch-Hybriden in den Werken von H.P. Lovecraft und Karen Duve" als Taschenbuch zu veröffentlichen, lag für mich gerade der Reiz darin, es den Leuten damit auch wirklich *zugänglich* zu machen. Zugänglich als Buch, aber auch zugänglich vom Inhalt her.

Die vorliegende Textfassung weicht insofern ein wenig von der ursprünglichen Arbeit ab. Sehr viele Direktzitate sind durch Paraphrasen ersetzt worden, was nicht zuletzt dem Lesefluss zuträglich sein dürfte. Damit die Präzision aber gewahrt bleibt, habe ich die Quellenverweise dennoch beibehalten, sodass sich auch in dieser Fassung jede meiner Aussagen letztlich anhand der Primärtexte prüfen lässt. Ob die Paraphrase im Vergleich zum Direktzitat nun mehr oder weniger dazu geneigt ist, dem Leser die textlichen Zusammenhänge zu erschließen, muss ohnehin jeder für sich selbst bestimmen. Dass jedoch, egal wie sehr einem eine wissenschaftliche Arbeit entgegenkommt, letztlich für ein Verständnis der Betrachtungen in ihrer ganzen Tiefe eine grundlegende Kenntnis der behandelten Primärtexte notwendig ist, dürfte außer Frage stehen. Warum man dem Leser aber darüber hinaus regelrecht zusätzliche Arbeit machen sollte, erschloss sich mir nie.

Gleichermaßen neu ist das Nachwort am Ende des Buches, eine Reflexion über den eigenen Text, wenn man so möchte.

Ob die Übertragung letztlich geglückt ist, ob es also ein gut zu lesender Text geworden ist, dem dennoch die Präzision der Erstfassung erhalten blieb, ist nun letztlich die Entscheidung der Leser. Ich hoffe jedoch, dass die Lektüre sowohl Unterhaltung als auch einen Wissensgewinn bieten wird, denn dann würde sie letztlich auch meine eigene Erfahrung bei der Bearbeitung des Themas widerspiegeln.

Thomas Michalski
Aachen, April 2013

Kontakt

Seid ihr meiner Meinung? Seid ihr nicht meiner Meinung? Habt ihr Fragen, Anmerkungen oder anderweitig Lust, in Kontakt zu treten?
Ich würde mich freuen!
Mail: thomas.michalski@gmx.net
Twitter: @seelenworte
Webseite: http://www.thomas-michalski.de

1. Einleitung

Das Motiv des Meeres, seiner Bewohner und seiner Geheimnisse war vermutlich schon immer ein Teil der Literaturgeschichte. Doch eine sehr spezialisierte Variante davon, Mischwesen aus Mensch und Meeresbewohner, die unerkannt unter den Menschen Leben und deren Kultur anscheinend unterwandert haben, stellt eine seltenere Ausnahme dar.

Diese Motivvariante findet sich in den Texten des amerikanischen Autors H.P. Lovecraft, vor allem in der Geschichte „The Shadow over Innsmouth" (1946), aber auch in der Novelle „Im tiefen Schnee ein stilles Heim" (1995) der deutschen Autorin Karen Duve.

Das ist insbesondere bemerkenswert, weil es sehr schwer fällt, zwischen den beiden Autoren und ihrem Werk weitere Parallelen zu finden, sei es nun inhaltlich, historisch oder ideologisch.

In diesem Buch will ich untersuchen, wieso dennoch ausgerechnet in diesen beiden Texten, trotz ihrer Unterschiede, diesem seltenen Motiv eine so zentrale

Rolle zugedacht wurde. Ich werde mich dabei auch mit der Frage beschäftigen, ob und wie es möglich ist, dass beide Texte ganz unterschiedliche Botschaften mithilfe des gleichen Bildes vermitteln, oder ob nicht doch bei einer genauen Untersuchen Nuancen zutage treten, die der wahrgenommenen Parallelität widersprechen.

Zu diesem Zweck werde ich, nach einer kurzen Vorstellung der beiden Autoren und der genannten Werke sowie einer Eingrenzung des Motivs, zunächst die für diese Untersuchung relevanten Textstellen genauer analysieren. Mit diesen Untersuchungen als Grundlage werde ich dann in einem nächsten Schritt zwei Fragen nachgehen: Wo liegen wirklich die Parallelen und wo die Unterschiede zwischen den beiden Texten, und ist das geschilderte Motiv tatsächlich solch eine Ausnahme gegenüber anderen, vergleichbaren Motive aus der Literatur?

Den Abschluss bildet dann eine Interpretation der Texte im Kontext des zugrunde liegenden Motivs und auf Basis der herausgearbeiteten Aspekte, sowie ein Versuch, bei allen bis dahin gefundenen Unterschieden eine Erklärung zu finden, wie es zu dieser Parallele zwischen den Texten gekommen sein könnte.

2. Die Primärtexte

2.1 H.P. Lovecraft

2.1.1 Über H.P. Lovecraft

Howard Phillips Lovecraft wurde am 20. 8. 1890 als Sohn des Handlungsreisenden Winfield Scott Lovecraft und Sarah Susan Phillips Lovecraft in Providence, Rhode Island, geboren. Lovecraft zeigte bereits sehr früh eine große Begabung, beherrschte angeblich mit zwei das Alphabet, konnte mit vier lesen und schrieb mit sechs erste Texte[1], besuchte aus gesundheitlichen Gründen jedoch nie ein College. Mit Ausnahme der Jahre 1924 bis 1926, die er in New York gelebt hat, verbrachte er sein ganzes Leben in seiner neuenglischen Heimatstadt. Dort schrieb er Zeit seines Lebens Geschichten, jedoch nur mit mäßigem Erfolg. Viele seiner Texte wurden auch erst posthum veröffentlicht. Lovecraft haftet bis heute der Ruf eines Außenseiters und Einzelgängers an, was jedoch nicht uneingeschränkt stimmt. Zwar sind neben seiner kurzen

---

1   Vgl. Alpers, Hans Joachim; Fuchs, Werner; Hahn, Ronald M.: Lexikon der Horrorliteratur. Erkrath: Fantasy-Productions 1999, S. 210.

Ehe mit der Sonia Haft Greene, einer Jüdin russischer Herkunft[2], keine Beziehungen Lovecrafts bekannt, doch insbesondere in Form von Briefen pflegte er viele Kontakte. Nach eigenen Angaben schrieb er 5 bis 10 Briefe pro Tag und die von ihm verfasste Gesamtzahl wird zwischen 42.000 und 84.000 geschätzt[3].

Lovecraft verstarb 1937 an Darmkrebs und Nierenversagen. Bis zu seinem Tod war er niemals von dem Wert seines eigenen Schaffens überzeugt. Eine nur wenige Seiten umfassende Autobiographie – schon symptomatisch als „Einige Anmerkungen zu einer Null" bzw. „Some Notes on a Nonentity" betitelt – eröffnet er mit der Aussage, die Hauptschwierigkeit einer Autobiographie sei für ihn, überhaupt etwas zu finden, was bedeutsam genug sei, um festgehalten zu werden.[4]

Aus heutiger Sicht ist dies natürlich eine Fehleinschätzung und sein Einfluss auf nachfolgende Generationen ist ungebrochen groß[5].

2.1.2 Schatten über Innsmouth

„Schatten über Innsmouth" erscheint erstmals 1936 nach einem sehr ausgedehnten Vorlauf. Lovecraft selber

---

2   Vgl. Alpers, Hans Joachim; Fuchs, Werner; Hahn, Ronald M.; Munsionius, Jörg M.; Urbanek, Hermann: Lexikon der Fantasy-Literatur. Erkrath: Fantasy-Productions 2005, S. 282. Im Folgenden zitiert als Lexikon der Fantasy-Literatur.

3   Vgl. Joshi, S.T., Schultz, David E.: An H.P. Lovecraft encyclopedia. Westport: Greenwood 2001, S. 144. Im Folgenden zitiert als Encyclopedia.

4   Vgl. Lovecraft, H.P.: Autobiographie. Einige Anmerkungen zu einer Null. In: Ders.: Azathoth. Vermischte Schriften. Ausgewählt von Kalju Kirde. Frankfurt am Main: Suhrkamp 1997, S. 243. Im Folgenden zitiert als „Autobiographie".

5   Vgl. Lexikon der Fantasy-Literatur, S. 282.

hatte die Arbeit daran nach mehreren Anläufen 1931 bereits abgeschlossen, zeigte sich aber unzufrieden und konnte sich nicht vorstellen, dass sich jemand für den Text interessieren würde. Nur seinem Verleger August Derleth, der das Manuskript ohne das Wissen des Autors kursieren ließ, ist eine Veröffentlichung zu verdanken[6]. Dabei war diese Auflage in sich eine große Katastrophe. Von 400 Exemplaren wurden nur 200 jemals gebunden und die grobe Typographie war dabei so fehlerhaft, dass Lovecraft selber viele Exemplare noch von Hand versuchte zu korrigieren. Er gab ein Druckfehlerverzeichnis in Auftrag und, wie er es erwartet hatte, war auch dieses fehlerhaft.[7]

Dennoch handelt es sich bei dem Buch um Lovecrafts einzige zu Lebzeiten erschienene Buchveröffentlichung[8], weshalb dem Titel innerhalb seines Werkes trotz der schwierigen Produktionsumstände eine gewisse Sonderstellung einzuräumen ist.

In der Geschichte wird in der ersten Person die Reise eines namenlos bleibenden Erzähler durch Neuengland geschildert. Einige unplanmäßige Umstände sowie seine antiquarisch geprägte Neugierde führen ihn schlussendlich in die Küstenstadt Innsmouth. Während ihm die Bewohner der Stadt vor allem durch eigenartige Abweichungen im Körperbau auffallen — jene Anzeichen der Verbindung von Fisch und Mensch, auf die ich in Kapitel 3 detailliert eingehen werde —, ist der

---

6   Vgl. Joshi, S.T.; Schultz, David E.: Anmerkungen zu Der Schatten über
      Innsmouth. In: Lovecraft, Howard Phillips: Der kosmische Schrecken.
      Leipzig: Festa 2005, S. 273f. Im Folgenden zitiert als Anmerkungen.
7   Vgl. ebenda, S. 275.
8   Vgl. Encyclopedia, S. 239.

Eindruck der Stadt mit ihren durchhängenden Dächern und ihrem Gassengewirr geprägt ist von allgemeinem Verfall[9].

Nach einer Weile stößt der Erzähler auf einen Mann namens Zadok Allen, der ihm eine schauerliche Geschichte erzählt. Er berichtet, dass der Seefahrer Obed Marsh auf seinen Reisen in Kontakt mit fremdartigen Wesen, halb Fisch, halb Frosch, gekommen sei. Zunächst habe man Menschenopfer im Austausch gegen Fische und Gold vereinbart, doch sei das Bündnis mit den Wesen enger geworden und die heutigen Bewohner der Stadt seien vielmehr Nachfahren der Vereinigung der Menschen mit den Monstern.

Zwar weist der Erzähler die Wahrheit der Geschichte von sich, versucht aber dennoch noch am gleichen Tag, den Ort wieder zu verlassen, jedoch ohne Erfolg. Er kommt in einem Hotel unter, muss aus diesem jedoch in der Nacht fliehen, als die Bewohner Innsmouths versuchen, sich Zugang zu verschaffen und ihn zu ergreifen. Ihre Zahl ist überwältigend, sowohl in der Stadt, als auch vom Meer her, auf dessen Oberfläche er während seiner nächtlichen Flucht unzählige Gestalten ausmachen kann, die aus den Tiefen auf die Stadt zuschwimmen[10].

Letztlich gelingt dem Erzähler die Flucht und er kann eine militärische Intervention in dem Küstenort erwirken, doch ist auch dies nicht mit einer Rettung gleichzusetzen. In den Jahren nach der Flucht muss

---

9   Vgl. Lovecraft, H.P.: Schatten über Innsmouth. Suhrkamp: Frankfurt am Main 1990, S. 30. Im Folgenden zitiert als Schatten über Innsmouth.
10   Vgl. ebenda, S. 95.

er erkennen, dass auch einige seiner Vorfahren aus Innsmouth stammen. Er beginnt, ein Nervenleiden[11] zu entwickeln, das er zunächst nicht wirklich zu deuten weiß. Doch zum Abschluss der Geschichte kann auch er sich der Erkenntnis nicht mehr verschließen – er selber ist dabei, sich in eines jener Wesen zu verwandeln, die ihn zuvor gejagt haben. Die Geschichte schließt damit, dass er sein Schicksal offenbar akzeptiert und davon spricht, zu dem Riff hinauszuschwimmen und hinab zu tauchen in die Stadt der Kreaturen, die er „Tiefe Wesen" nennt.[12]

2.1.3 Zur Auswahl der Textfassung

Bei der Auseinandersetzung mit einem fremdsprachigen Text stellt sich natürlich die Frage, auf welche Übersetzung der Schwerpunkt gelegt wird. Die Leitübersetzung für mich ist die im Suhrkamp-Verlag erschienene Fassung von Rudolf Hermstein. In Zweifelsfällen wird jedoch auch der englischsprachige Originaltext als Referenz herangezogen werden.

Die deutlich jüngere Übersetzung des Textes von Andreas Diesel[13], die im Festa-Verlag erschienen ist, dient dabei der Ergänzung, zumal diese Ausgabe auch eine frühere, verworfene Fassung des Textes umfasst, auf die ich ebenfalls eingehen werde.

---

11   Vgl. ebenda, S. 119.
12   Vgl. ebenda, S. 121.
13   Lovecraft, H.P: Der Schatten über Innsmouth. In: Ders.: Der kosmische Schrecken. Leipzig: Festa 2005, S. 181ff. Im Folgenden zitiert als Diesel.

2.2 Karen Duve

2.2.1 Über Karen Duve

Karen Duve wurde am 16. 11. 1961 in Hamburg geboren. Sie erwarb ihr Abitur, brach dann jedoch eine Ausbildung zur Steuerinspektorin ab und nahm einige Gelegenheitsjobs an, arbeitete unter anderem längere Zeit als Taxifahrerin.[14] Seit 1990 ist sie als freie Autorin tätig.

In Duves Werk stoßen Elemente der Märchen- und Sagenwelt sowie weitere, fantastische Motive mit realweltlichen, teils biografisch anmutenden Themen zusammen, die teilweise der Popkultur sowie der Genderproblematik entlehnt sind.[15] Karen Duve wird dem sog. „literarischen Fräuleinwunder" zugerechnet, also einer Gruppe junger Autorinnen, die in den letzten Jahren des 20. Jahrhunderts in den Vordergrund traten. Diese Einteilung ist problematisch, da es sich dabei um einen vor allem durch die Medien geprägten Begriff[16] handelt, dem es an Präzision fehlt und dessen Aussagekraft zumindest in Zweifel gezogen werden kann. Der Vorwurf, dass es sich weniger um eine Gattungsbezeichnung und mehr um ein Marketing-Label handele, ausgerichtet auf junge Autoren, die sich gut vermarkten lassen, konnte nie ausgeräumt werden.[17]

---

14   Vgl. Henschel, Christiane; Jahn, Bruno (Redaktion): Killy Literaturlexikon. Berlin: de Gruyter 2008, S. 143.

15   Vgl. ebenda.

16   Vgl. Opitz, Michael; Opitz-Wiemers, Carola: Tendenzen in der deutschsprachigen Gegenwartsliteratur seit 1989. In: Beutin, Wolfgang et al.: Deutsche Literaturgeschichte. Von den Anfängen bis zur Gegenwart. 6., verbesserte und erweiterte Auflage. Stuttgart, Weimar: Metzler 2001, S. 697.

17   Vgl. ebenda, S. 698.

Das dadurch bezeichnete Umfeld ist dennoch auch für diese Arbeit nicht uninteressant. Details zu Duves Lebensumständen sind, anders als bei Lovecraft, zumindest aus heutiger Sicht schwer zu beurteilen und unerschlossen. Anders als bei Lovecraft nimmt bei der Betrachtung von Duves Werk der Aspekt der teils bewussten Selbstinszenierung eine größere Rolle ein und ist Teil des Kontextes, in dem ihr Schaffen betrachtet werden muss. Duve wird zwar nur vereinzelt zu den 'Fräuleinwundern' gerechnet, doch ihre Selbstinszenierung richtet sich durchaus an dem Bild einer jungen und tabulosen Schreiberin aus.[18]

Ebenso wird Duve innerhalb dieses Rahmens eine Sonderrolle zugedacht, da sie anders als viele andere sehr offen und direkt zu ihrer Bindung zur feministischen Tradition, in der Weltsicht wie im literarischen Sinne, steht.[19]

2.2.2 Über Im tiefen Schnee ein stilles Heim

Die Novelle „Im tiefen Schnee ein stilles Heim" war Duves erste Buchveröffentlichung. Zunächst nur als kleine Auflage in der Bremer Achilla-Presse erhältlich, erfuhr sie dann in der Anthologie „Keine Ahnung" eine erneute und weitflächige Veröffentlichung.

In der Geschichte wird aus der ersten Person heraus grob eine Woche aus dem Leben der Protagonistin Anita

---

18   Vgl. Müller, Heidelinde: Das 'literarische Fräuleinwunder' – Inszenierung eines Medienphänomens. In: Nagelschmidt, Ilse; Müller-Dannhausen, Lea; Feldbacher, Sandy (Hg.): Zwischen Inszenierung und Botschaft. Zur Literatur deutschsprachiger Autorinnen ab Ende des 20. Jahrhunderts. Berlin: Frank & Timme 2006, S. 49.

19   Vgl. ebenda, S. 48.

Dahms geschildert. Ein Großteil der Handlung wird dabei von einer erzählerischen Klammer umschlossen, in der sie selber die Situation erläutert, in der sie ihre Erlebnisse niederschreibt. Diese Klammer wird jedoch gegen Ende durchbrochen.

Ihr Leben sei ereignislos gewesen, still und scheinbar ohne große Form[20], nimmt jedoch eine drastische Wendung als sie mitten in der Nacht erwacht und feststellt, dass ihre Wohnung in Flammen steht. Anitas lakonische Reaktion darauf ist jedoch von einer starken Realitätsferne geprägt: Zwar hat Anita alles verloren, doch anstelle von Trauer verspürt sie eher Erleichterung. Kurz zuvor war erst ihre Mutter gestorben und der Brand enthebt sie – in ihrer Sicht – nun der Last, sich selber mit dem eigenen Besitz auseinandersetzen zu müssen.[21]

Schnell zeigt sich, dass Anita ihr gesamtes Leben von ihrer Mutter im Übermaß behütet wurde und sie nun, auf sich alleine gestellt, kaum fähig ist, den Alltag zu bewältigen. Bis zu ihrem sechsten Jahr hatte Anita das Haus aufgrund der Sorgen ihrer Mutter gar nicht verlassen dürfen[22] und selbst in der Zeit danach ist Anitas Leben von absurden Sicherheitshinweisen geprägt.

Mit einer von übertriebener Vorsicht geprägten Weltsicht und zugleich einem Mangel an Erfahrung im Umgang mit den Hürden des alltäglichen Lebens, wird

---

20   Vgl. Duve, Karen: Im tiefen Schnee ein stilles Heim. In: Dies.: Keine
      Ahnung. Erzählungen. Frankfurt am Main: Suhrkamp 1999, S 109. Im
      Folgenden zitiert als Im tiefen Schnee.
21   Vgl. ebenda, S. 110.
22   Vgl. ebenda, S. 126.

Anita von ihrer Tante Esrom noch einmal mit Kleidung versorgt, verliert sich dann aber völlig. Von ihrem Chef beurlaubt, nicht willens, das Sozialamt aufzusuchen und nicht in der Lage, das Zimmer in einer Pension zu bezahlen, strandet sie letztlich am Hauptbahnhof.

Sie fasst, in einer Mischung aus Trotz und Naivität, den Plan, stattdessen eine Reise zu unternehmen. In einer kurzen Assoziationskette stellt sie fest, dass sie noch nie zuvor verreist ist sowie, dass es in einem Eisenbahnabteil vermutlich warm ist. Diese Wärme treibt sie auch zu der Idee, nach Süden zu fahren, da es dort bekanntlich wärmer sei als im Norden.[23]

Sie plappert einem anderen Kunden das Reiseziel Basel nach, begeht jedoch auf der Zugfahrt weitere Fehler und strandet letztlich in Lörrach.

Dort macht sie, ebenfalls mehr durch Zufall, die Bekanntschaft einer alten Frau namens Hedwig Oktober, die beschließt, Anita nach einem kurzen Gespräch zu sich zu nehmen. Anita wird von der Frau versorgt und danach in den Alltag integriert, führt mit ihr gemeinsam die Hunde aus, speist mit ihr und sieht gemeinsam fern.

Schon bei ihrer ersten Begegnung schildert Duve einige anatomische Eigenarten Frau Oktobers[24], die an die Anatomie eines Tintenfisches angelehnt sind und die ich in Kapitel 3 genauer besprechen werde; dieser Eindruck verstärkt sich zudem, als es zu einer ersten Verstimmung zwischen der alten Frau und Anita kommt.

---

23   Vgl. ebenda, S. 120.
24   Vgl. ebenda, S. 131.

Während dieser Tage macht sie auch die Bekanntschaft von Johann Köpfli, einem Mann, der von Frau Oktober als „häßlich und faul"[25] charakterisiert wird, jedoch eindeutig Interesse an Anita zeigt. Obschon auch sie ihn hässlich findet[26], verabredet sie sich mit ihm. Darüber kommt es anschließend zum Streit mit Frau Oktober. Dabei offenbart sich, dass diese keine normale Frau ist, und sich dort, wo ihre Beine sein müssten, Fangarme gleich einer Krake schlangengleich winden[27]. Es kommt zum Kampf und Frau Oktober wird schließlich von Anita getötet.

Der eigentliche Handlungsbogen endet mit den Nachwirkungen und Konsequenzen des Kampfes, denn Anita bleibt in dem Haus der Toten zurück, um ihre Erlebnisse niederzuschreiben. Doch obschon sie ihren Bericht und damit auch die erzählerische Klammer[28] beendet, ist die Geschichte dort noch nicht abgeschlossen. In zwei Ergänzungen schildert sie Besuche von Johann Köpfli, der das Verschwinden von Frau Oktober bemerkt hat und dem nachgehen will, sie jedoch zunächst zum Beischlaf nötigt. Anita fügt sich in ihr Schicksal und erwartet, dass Köpfli die Leiche sicher finden und die Polizei kommen wird, um sie zu holen. „Ich bin bereit"[29], erklärt sie.

Der eigentliche Abschluss der Geschichte erscheint selbst im Kontext der bisherigen Handlung surreal. Der Polizist, der letztlich kommt, ist jener, den sie

---

25   Ebenda, S. 141.
26   Vgl. ebenda.
27   Vgl. ebenda, S. 147.
28   Vgl. ebenda, S. 156.
29   Ebenda, S. 162.

schon im Krankenhaus in Hamburg nach dem Brand gesehen hat[30], verrichtet jedoch Dienst in Lörrach und weiß offenbar, dass Johann Köpfli Anita kennt[31]. Er verhaftet Anita nicht, sondern betont ihre Unterschuld, immerhin habe sie nur einen Tintenfisch abgewehrt. Der völligen Surrealität dieser Aussage scheint er sich selber absolut nicht bewusst zu sein[32]

Anita wird in dem Haus eingeschneit und findet somit am Ende der Geschichte, wo sie bisher vor allem Naivität und Schicksalsergebenheit gezeigt hat, scheinbare Zufriedenheit. In der vollkommenen Stille, gedämpft durch den vielen Schnee, erkennt sie, dass Köpfli nicht zu ihr kann, während sie es warm und bequem hat. „Alles ist gut"[33], urteilt sie am Ende.

---

30   Vgl. ebenda, S. 164.
31   Vgl. ebenda.
32   Ebenda.
33   Ebenda, S. 165.

3. Die Darstellung der Fischwesen

3.1 Das Motiv in Schatten über Innsmouth

3.1.1 Die primäre Textstelle

Seinen ersten direkten Kontakt mit den Bewohnern Innsmouths hat Lovecrafts Erzähler, als er mit dem Bus die Reise in die Hafenstadt antritt. Dort hat er Gelegenheit, den Fahrer des Busses, Joe Sargent, näher in Augenschein zu nehmen. Lovecraft nutzt diesen Moment und streut zahllose Vorausdeutungen auf die Auflösung seiner Geschichte ein.

Der schmale Kopf der Bewohner mit den niemals blinzelnden, wässrigen Augen, in der Kontur verzerrt durch die flache Nase unterhalb der zurückweichenden Stirn, und den unterentwickelten Ohren zeichnet ein fischartiges Bild, das von der grobporigen grauen Haut und den kleinen Büscheln gelber Härchen noch untermauert wird.[34] Ihre Füße sind so groß, dass der Erzähler sich wundert, woher sie passende Schuhe beziehen können[35], ihre Schultern hängen herab[36] – alles zusammen zeichnet Lovecraft hier recht deutlich das Bild eines Fisches, sowohl in der Silhouette als auch in den Einzelheiten. Gerade in Details wie den gelben Härchen zeigt sich, dass sich Lovecraft tatsächlich an der Anatomie echter Fische orientiert und diese mit dem Körperbau eines Menschen zu kreuzen versucht hat.

Auch die seltsamen Falten am Hals der Bewohner von Innsmouth[37] deuten bereits Kiemendeckel an und damit auch den Abschluss der Entwicklung, an dem sie in das Meer hinabtauchen werden, wie es auch der Erzähler am Ende umreißt. Sargent wird zudem als schmierig beschrieben[38], was als Doppeldeutigkeit sowohl sein Auftreten charakterisieren könnte, jedoch auch als wörtliche Beschreibung eines seine Haut bedeckenden Films verstanden werden kann. Eine Doppeldeutigkeit, die sowohl in der beiden deutschen Übersetzungen[39] als auch im Originaltext vorhanden ist, wo er als „greasy"[40] beschrieben wird, das ebenfalls gleichermaßen einen körperlich oder moralisch abstoßenden Eindruck[41]

---

34 Vgl. Schatten über Innsmouth, S. 26.
35 Vgl. ebenda, S. 27.
36 Vgl. ebenda.
37 Vgl. ebenda, S. 26.
38 Vgl. ebenda, S. 27.
39 Vgl. auch Diesel, S. 196
40 Lovecraft, H.P.: The Shadow over Innsmouth. In: Ders.: The Best of H.P. Lovecraft. Bloodcurling Tales of Horror and the Macabre. New York: Del Rey 1982, S. 271. Im Folgenden zitiert als The Shadow over Innsmouth.
41 Vgl. Gove, Philip Babcock (Hg.): Third New International Dictionary of the English Language Unabridged. Springfield: Merriam-Webster 1993, S. 994.

bezeichnen kann.

Wiederum ein eindeutiger Hinweis ist die Verbindung, die der Erzähler zwischen Sargent und dem Meer zieht, wenn er den typischen, salzigen Geruch erwähnt, den der Busfahrer offenbar durch den vielen Aufenthalt am Hafen mit sich trage.[42]

In einem verworfenen Entwurf zu „Schatten über Innsmouth" hatte Lovecraft den Beginn der Geschichte noch anders gestaltet, jedoch fand auch dort der Busfahrer Joe Sargent Erwähnung. Allerdings nutzt Lovecraft dort weniger ihn als vielmehr seine Fahrgäste für eine erste Beschreibung des „Innsmouth-Looks".

Vieles ist vergleichbar, wenn auch noch nicht in vergleichbarem Detail ausgeführt. Neben den flachen Nasen und den ungewöhnlich großen Mündern, dem weichenden Kinn und der eigenartigen Haut betont er dort zudem die Faltigkeit der Haut am Hals sowie – dieses Element ist so direkt in der Endfassung nicht mehr zu finden –, dass sie schon sehr früh unter Haarausfall zu leiden scheinen.[43] Ein Element, dass sich jedoch ebenfalls homogen in das bisherige Bild einfügt.

3.1.2 Das generelle Motiv

Auch wenn die Geschichte letztlich eine übernatürliche Erklärung für die Vorgänge in der Stadt liefert, so bietet doch der Erzähler der Geschichte bereits bei

---

42   Vgl. Schatten über Innsmouth, S. 27.

43   Vgl. Lovecraft, H.P.: Verworfene Fassung von Der Schatten über Innsmouth. In: Ders.: Der kosmische Schrecken. Leipzig: Festa 2005, S. 308.

seinem ersten Zusammentreffen mit Sargent und seinen anderen Fahrgästen eine Theorie an. Er wägt zunächst den Einfluss von „fremdländischem Blut" ab, hält jedoch letztlich selber einen Zustand „biologischer Degeneration" für wahrscheinlicher.[44]

Wie viel jedoch vom Autor in dieser Charakterisierung des Erzählers steckt, muss noch näher betrachtet werden. Zweifellos festgehalten werden kann, dass all die Eigenarten der Bewohner von Innsmouth als negativ dargestellt werden. Sowohl in der Art ihrer watschelnden Bewegungen, wenn der Bus vorfährt, die Gäste herauskommen[45] und offenbar zwielichtig anmutenden Bewegungen[46] die Straße hinaufgehen, als auch ihre scheinbar durch eine Krankheit[47] entstandene Erscheinung machen von Anfang an deutlich, dass der Umgang mit ihnen unangenehm ist.

Doch es spricht einiges dafür, dass das Motiv der Degeneration mehr als nur einfach eine Theorie des Erzählers, sondern vielmehr das bestimmende Element der Erzählung selbst ist.

Die Verwendung von Hybridwesen, Vermischungen von Mensch und Tier, ist für viele von Lovecrafts Erzählungen typisch[48] und die vorliegende Geschichte ist nicht die einzige, in der Kreaturen zwar die Silhouette eines Menschen aufweisen, jedoch im Inneren ein fremdartiges Wesen sind. Dennoch nimmt

---

44   Vgl. Schatten über Innsmouth, S. 27.
45   Vgl. Ebenda, S. 25.
46   Vgl. ebenda.
47   Vgl. ebenda, S. 26.
48   Vgl. Lévy, Maurice: Lovecraft. A Study in the Fantastic. Detroit: Wayne State University Press, 1988, S. 56. Im Folgenden zitiert als Lévy.

„Schatten über Innsmouth" eine Sonderstellung ein, da das Element hier unvergleichlich stark im Mittelpunkt steht[49]. Schon in Lovecrafts eigenen Konzeptionsnotizen sind dabei direkte Belege zu finden, dass die Menschen bei der „Vermischung"[50] mit den Wesen explizit „degenieren"[51].

Interessant in diesem Kontext ist natürlich die Auflösung der Geschichte, in deren Verlauf der Erzähler ja nicht nur seine eigene Verbindung zu den Wesen erkennen muss, sondern diese am Ende auch akzeptiert. Es scheint auf den ersten Blick möglich, darin auch eine Sympathie des Autors mit den Bewohnern aus Innsmouth zu sehen – eine These, auf die ich später noch einmal zurückkommen werde –, jedoch sprechen einige Aspekte dagegen.

In seinem Essay „Gegen die Welt, gegen das Leben", in dem sich Michel Houellebecq mit dem Leben und Schaffen Lovecrafts beschäftigt, vergleicht dieser die Schilderung nicht ohne Grund mit einer Krankheit, in der Art, wie sie das Gewebe befällt, die Artikulation beeinträchtigt, dann auf den ganzen Körper übergreift und sogar Atmung und Kreislauf einer Veränderung unterzieht.[52]

Wichtiger aber noch erscheint es, dass Lovecraft zu all den zuvor schon beschriebenen negativen Aspekten der Erkrankung keinen Gegenpol bietet. Nichts von

---

49 Vgl. Anmerkungen, S. 281.
50 Lovecraft, H.P.: Lovecrafts Notizen zu Der Schatten über Innsmouth. In: Ders.: Der kosmische Schrecken. Leipzig: Festa 2005, S. 297. Im Folgenden zitiert als Notizen.
51 Ebenda, S. 298.
52 Vgl. Houellebecq, Michel: Gegen die Welt, gegen das Leben. Reinbek bei Hamburg: Rowohlt 2007, S. 79. Im Folgenden zitiert als Houellebecq.

dem, was in der Geschichte geschieht, scheint einen Ansatz zu bieten, das zuvor als abstoßend geschilderte Auftreten der Wesen aus der Tiefe einzuschränken. Es gibt keine langsame Umwandlung, sondern vielmehr eine verderbte, unwiderrufliche Verwandlung von Körper und Geist gleichermaßen.[53]

Ausgehend von diesen Schilderungen muss die Frage gestellt werden, wie weit das Konzept, dass aus einer Vermischung mögliches Grauen erwächst, bei Lovecraft wirklich ging. Endet das Gedankenbild bereits bei der Vermischung von menschlichen und nichtmenschlichen Wesen, oder ist es auch auf die allgemeine sexuelle Vereinigung zwischen verschiedenen Rassen übertragbar, wie in der Sekundärliteratur[54] nahegelegt wird? Zwar weist beispielsweise Autor Robert Bloch, der noch selbst mit Lovecraft in Kontakt stand, zu Recht darauf hin, dass Rassismus zu der Zeit nichts Ungewöhnliches und der Begriff sicherlich nicht negativ behaftet war[55], dennoch kann man diesen Aspekt darum nicht ausklammern, was sich auch in der Sekundärliteratur niederschlägt. Lovecraft-Kenner S.T. Joshi sieht Lovecraft geprägt von einer Zeit der Einwanderungsflut und einem daraus erwachsenden Beschluss, dass ihre Kultur nur dann zu wahren sei, wenn vermieden würde, dass sich zu viele fremde Einflüsse unter sie mischen. Einwandernde Ausländer müssten ihrer Kultur abschwören und sich „der herrschenden Zivilisation"[56] anschließen.

---

53   Vgl. Anmerkungen, S. 289.
54   Vgl. Encyclopedia, S. 239.
55   Vgl. Bloch, Robert: Heritage of Horror. In: Lovecraft, H.P.: The Best of H.P. Lovecraft. Bloodcurling Tales of Horror and the Macabre. New York: Del Rey 1982, S. xii. Im Folgenden zitiert als Bloch.
56   Joshi, S.T.: H.P. Lovecraft. Leben und Denken. In: Rottensteiner, Franz: Über H.P. Lovecraft. Frankfurt am Main: Suhrkamp 1984, S. 28f. Im

Dieses Weltbild lässt sich leicht auf „Schatten über Innsmouth" übertragen. Alleine schon, dass der heidnische Glauben der Einwohner der Stadt vor Jahrhunderten aus dem Osten dorthin gebracht wurde[57], stellt bereits einen Verstoß gegen die oben umrissene Wertvorstellung dar. Dass Lovecraft zudem davon ausging, dass die Schwierigkeit, die schwarze Bevölkerung zu integrieren, nicht in der Kultur, sondern in der Biologie läge[58], fügt sich ebenfalls in das Bild. So wie diese Menschen „biologisch unterlegen"[59] seien, ergeht es auch den Bewohnern der Küstenstadt, wie sich in der zuvor herausgestellten, einseitigen Schilderung des Phänomens zeigt.

Auf eine alternative, viel positivere Lesart der ganzen Geschichte werde ich jedoch später in diesem Kapitel noch kurz eingehen.

Zuletzt ist noch bemerkenswert, dass die Degeneration in der Geschichte jedoch nicht bei den betroffenen Menschen endet, sondern sich auch beispielsweise in Form eines allgemeinen, architektonischen Verfalls des Ortes zeigt[60] – und das, obwohl die Erträge der Fischerstadt nach wie vor außergewöhnlich gut sind[61].

3.1.3 Lovecraft und das Meer

Doch auch wenn man Degeneration als ein Grundthema Lovecrafts festhält, so erklärt es noch

---

Folgenden zitiert als Leben und Denken.
57   Vgl. Schatten über Innsmouth, S. 23.
58   Vgl. Leben und Denken, S. 29.
59   Ebenda.
60   Vgl. Schatten über Innsmouth, S. 30.
61   Vgl. ebenda, S. 21.

nicht die Entscheidung, die Hybridwesen ausgerechnet als Mischung zwischen Mensch und Fisch darzustellen. Es mag naheliegend erscheinen, diese Wahl allein auf biografische Fakten zurückzuführen, etwa seine Allergie gegen Meeresfrüchte[62] oder den Fakt, dass sowohl der Geruch von Fisch als auch der See Übelkeit in ihm auslöste[63], und sicherlich findet dies auch seinen Niederschlag in der Beschreibung der Wesen in „Schatten über Innsmouth"; es ist jedoch zu reduktionistisch gedacht.

Lovecrafts Konzeption geht davon aus, dass in den unzugänglichen und verborgenen Bereichen der Erde das Unbekannte und Grauenvolle lauert[64]. Die Bucht in „Schatten über Innsmouth" ist ein typisches Beispiel dafür, wie besonders die See als Verkörperung dieses Gedankens fungieren kann, als urtümliches, mythisches, in sich Schrecken verbergen könnendes Element.[65]

Dieser Gedanke an Tiefen – alt wie die Erde selbst, aquatische, widerliche Schrecken beherbergend[66] – schlägt sich ebenfalls in „Schatten über Innsmouth" nieder, etwa wenn dem Erzähler gegen Ende in einem Traum seine Großmutter erscheint und in einem völlig grotesken und kränklich wirkenden Palast unter Wasser lebt[67]. Doch er ist zugleich eng mit dem Motiv der Degeneration verzahnt, denn schon bei seiner Ankunft erkennt der Erzähler, dass diese am Meer am schlimmsten

---

62   Vgl. Bloch, S. xi.
63   Vgl. Lévy, S. 25.
64   Vgl. Lévy, S. 66ff.
65   Vgl. ebenda, S. 67.
66   Vgl. ebenda. S. 40.
67   Vgl. Schatten über Innsmouth, S. 119.

ist[68]; es ist die See, von der aus der Schrecken über das Land kommt.

3.1.4 Lovecrafts direkte Inspiration

Das alleine erklärt jedoch noch nicht die explizite Wahl des Fischmotivs; tatsächlich finden sich durchaus Belege für die Verwendung oder geplante Nutzung anderer dem Meer naher Tiere. Das reicht bis ins Absurde – so findet sich in einer Auflistung verschiedener Grundformen des Grauens, die Lovecraft 1934 verfasst hat, auch die Idee maritimer Ghule[69], die als Robben verkleidet an Land kommen und die Menschen heimsuchen.[70]

Drei Texte, die Lovecraft selber geschätzt hat, liefern jedoch weitere Ansatzpunkte. Robert W. Chambers' „The Harbor-Master" berichtet von einem jungen Zoologen, der zu einem alten, zurückgezogen lebenden Mann in ein entlegenes Küstenhaus reist, um dort zu überprüfen, ob dieser wirklich noch im Besitz zweier Exemplare der ansonsten ausgestorbenen Riesenalken sei. Schon im Anschreiben weist man ihn auf das Vorhandensein einer weiteren, besonderen Gattung, eines „amphibischen Zweibeiners"[71] hin, an dessen Existenz er jedoch erst nicht glauben mag. Vor Ort berichten ihm dann nicht nur andere von dem Wesen, er wird auch selber Zeuge

---

68   Vgl. ebenda, S. 30.
69   „Ghul" ist eine Bezeichnung für eine Art von Dämon im arabischen Kulturraum.
70   Vgl. Lovecraft, H.P.: Anmerkungs- und Notizbuch. In: Ders.: Azathoth. Vermischte Schriften. Ausgewählt von Kalju Kirde. Frankfurt am Main: Suhrkamp 1997, S. 274.
71   Vgl. Chambers, Robert W.: The Harbor-Master. In: Ders.: The King in Yellow and other horror stories. Mineola: Dover Publications 1970. S. 218, Im Folgenden zitiert als The Harbor-Master.

davon. Wie die Hautfalte bei Lovecraft, weist die halb menschlich wirkende Kreatur spasmodisch zuckende Kiemen am Hals auf[72] und wird auch darüber hinaus mit fischartigen Zügen beschrieben, mit feststehenden, fischhaften Augen und weicher, schiefergrauer Haut.[73]

Wo jedoch Chambers' Wesen noch vor allem als monströse Kreatur geschildert wird, findet sich in Irvin S. Cobbs Kurzgeschichte „Fischkopf" bereits ein stärkerer Grenzfall. Die titelgebende Figur ist ein Mensch mit den tierischen Zügen eines Fisches. Er ist nicht im genetischen Sinne ein Hybrid, sondern Kind „ein[es] Negervater[s] und eine[r] Halbblut-Indianermutter"[74]. Darüber hinaus gibt es in der Geschichte die Legende, dass die Mutter während der Schwangerschaft von einem großen Fisch erschreckt worden sei, was zu den Entstellungen des Kindes geführt habe.[75]

In der Erzählung wird zunächst einfach Fischkopf als Wesen an sich beschrieben und dann, wie zwei Leute aus der Umgebung, als Rache für eine frühere Demütigung, versuchen, ihn zu ermorden. Zwar sind sie erfolgreich, doch bringt Fischkopfs letzter Schrei die Tiere des Sees gegen seine Mörder auf, was sie ebenfalls das Leben kostet. Mag diese enge, empathische Bindung an eine Wasserlandschaft, die so abweisend ist, dass sie im Text als ein „Nachgedanke der Schöpfung"[76] bezeichnet wird, bereits an Lovecrafts Wesen und ihre Verbindung zum

---

72   Vgl. ebenda, S. 233.
73   Vgl. ebenda, S. 235.
74   Cobb, Irvin S.: Fischkopf. In: Festa, Frank (Hg.): Lovecrafts dunkle Idole. Almersbach: Festa 2002, S. 74. Im Folgenden zitiert als Fischkopf.
75   Ebenda.
76   Ebenda, S. 72.

Meer erinnern, so ist die Verwandtschaft beider Texte in der Schilderung von Fischkopfs Erscheinung noch deutlicher zu erkennen. Fischkopf ist von kurzem, untersetztem, kräftigen Wuchs, doch besonders sein Kopf ist in seiner deformierten Erscheinung prägnant, mit einem plötzlich nach hinten weichenden Schädel, einem herabkippenden Kinn und kleinen, runden, blassgelben Augen, die weit auseinander stehen, nicht blinzeln und ewig starren.[77]

Beiden Geschichten ist jedoch gemein, dass sie jeweils Einzelfälle schildern. Diese sind demnach auch nicht ein unbemerkter Teil des kulturellen Gefüges, sondern vielmehr exotische Ausnahmen, die in den Geschichten auch so behandelt werden. Abseits des reinen Fisch-Motivs wird jedoch bisweilen in der Sekundärliteratur eine weitere Verbindung gezogen[78], die eine mögliche Quelle dieses Aspektes für Lovecraft gewesen sein könnte. In Algernon Blackwoods Geschichte „… à cause du sommeil et à cause des chats"[79] verschlägt es einen Mann namens Arthur Vezin in ein entlegenes, französisches Dorf. Sofort fällt ihm eine eigentümliche Atmosphäre dort auf und er fühlt sich wie ein „Kater unter der streichelnden Liebkostung einer sanften Hand"[80], was bereits eine Vorausdeutung darstellt, denn im Laufe der Erzählung erweist es sich, dass die Bewohner des Ortes Zauberei praktizieren und sich in Katzen verwandeln können. Das Tier ist ein anderes, doch die Art und Weise, wie Blackwood sein Motiv vorbereitet,

---

77   Vgl. ebenda, S. 74.

78   Vgl. Encyclopedia, S. 239.

79   Der französische Titel der deutschen Übersetzung ist, obschon ein Zitat aus der Geschichte selbst, irreführend; im Original heißt die Erzählung „Ancient Sorceries".

80   Blackwood, Algernon: … à cause du sommeil et à cause des chats. In: Ders.: Das leere Haus. Frankfurt am Main: Suhrkamp 1997, S. 106.

ist durchaus mit der Schilderung in „Schatten über Innsmouth" vergleichbar. Im Ort erblickt der Protagonist eine Wirtin, die ihn schon beim ersten Anblick, ob ihrer Haltung – in der Sonne und vor einer Hofmauer –, an eine Katze erinnert, sowohl dösend als auch zugleich ständig hellwach.[81]

Auch die in Lovecrafts Geschichte relevante Verbindung des unwissenden Besuchers durch vergessene Vorfahren findet sich in Blackwoods Erzählung wieder[82].

Lovecraft hat diese Texte eindeutig gekannt. In seiner theoretischen Abhandlung „Die Literatur der Angst" erwähnt er jede der drei Erzählungen. „The Harbor-Master" dabei tatsächlich nur implizit durch Chambers' Roman „In Search of the Unknown"[83], als dessen erste Kapitel die Kurzgeschichte erneute Verwendung fand[84]. Die Blackwood-Erzählung würdigt er jedoch explizit als möglicherweise beste Geschichte des Bandes, in dem sie erschien[85]. „Fischkopf" lobt er ebenfalls, als eine Geschichte, die sehr effektiv die Verbindung zwischen einem „hybriden Idioten"[86] und dem See schildert. Auch schrieb Lovecraft ob der Geschichte einen lobenden Leserbrief an das Magazin All-Story Cavalier, das Cobbs Text zuerst veröffentlichte.[87] Dass diese Texte also auch einen direkten Einfluss auf sein Werk nahmen, ist nicht unwahrscheinlich.

---

81   Ebenda, S. 107.
82   Vgl. ebenda, S. 164.
83   Vgl. Lovecraft, H.P.: Die Literatur der Angst. Frankfurt am Main: Suhrkamp 1995, S. 89. Im Folgenden zitiert als Literatur der Angst.
84   Vgl. Anmerkungen, S. 283.
85   Vgl. Literatur der Angst, S. 124.
86   Ebenda, S. 90.
87   Vgl. Festa, Frank: Irvin S. Cobb. In: Festa, Frank (Hg.): Lovecrafts dunkle Idole. Almersbach: Festa 2002, S. 74.

3.1.5 Von der anderen Seite betrachtet: Schatten über Innsmouth als Utopie

All diese durchweg negative Lesart der Wesen aus der Tiefe in Lovecrafts Geschichte ist jedoch nicht die einzige Interpretationsmöglichkeit. Gerade der im letzten Satz der Geschichte noch einmal verheißene Klang von Unsterblichkeit[88, 89] kann auch als Ausgangspunkt für eine positive, geradezu utopische Interpretation genutzt werden. Demnach wäre das, was der Erzähler an den Kreaturen als so abstoßend wahrnimmt, nur ein Kennzeichen der Übergangsform zu einem höher entwickelten Dasein, wohingegen der Verfall der menschlichen Niederlassungen zwar vorhanden, aber nicht im eigentlichen Sinne ein Übel wäre, da diese nach dem Übergang in die an „Herrlichkeiten"[90] reiche Stadt Y'ha-nthlei ohnehin keinen Nutzen mehr erfüllen würden.

Die Entscheidung des Erzählers, dem Impuls nachzugeben und sich den Wesenheiten anzuschließen wäre in diesem Zusammenhang ein Erfolg, ein Überkommen des Widerstrebens, an dem beispielsweise sein Onkel noch gescheitert ist, als er sich erschoss[91].

Die Interpretation von Kenneth Hite, die den Kult von Innsmouth als eine Art Cargo-Kult sieht[92], geht in

---

88   Vgl. Schatten über Innsmouth, S. 121.

89   Interessant ist hier in diesem Kontext, dass die darin implizierte Gnade in der Diesel-Übersetzung sogar noch deutlicher ausgebaut wird, wenn Lovecrafts „we *shall* dwell amidst wonder and glory" (Shadow over Innsmouth, S. 317) mit „inmitten von Wunder und Glanz *dürfen* wir wohnen" (Diesel, S. 269) übersetzt wird. (Hervorhebung von mir; Anm d. A.)

90   Ebenda.

91   Vgl. ebenda.

92   Hite, Kenneth: Tour de Lovecraft. The Tales. Alexandria: Atomic Overmind Press 2008. S. 84.

eine vergleichbare Richtung. Diesem Gedanken nach stoßen in Innsmouth zwei fundamental unterschiedliche Weltsichten aufeinander und der Konflikt der Geschichte entspringt dieser Diskrepanz. Eine utopische Lesart des Schlusses würde dahingehend gestützt, dass Lovecrafts Text gemäß Hite das Rollenverhältnis der kolonialistisch geprägten Menschen dadurch auf den Kopf stellt, dass ‚das Fremde', dem sie sich gegenübersehen, über die weitaus höher entwickelten Glaubensdimensionen verfügt.[93]

Man kann diese These sicherlich vertreten, es gibt jedoch Argumente, die für mich dagegen sprechen. Die Frage der Autorenintention ist natürlich nicht mehr zu klären und auch wenn Lovecrafts private Notizen zu der Geschichte eine generell negative Lesart des Paktes mit den Wesen nahelegen[94], spielt dies natürlich letztlich auch für den Text an sich keine direkte Rolle.

Vielmehr relevant finde ich aber sowohl den Kontext, in dem die Geschichte aufgrund ihrer literarischen Inspirationsquellen steht, wie auch die durchweg negative Darstellung der physiognomischen Eigenheiten der Mischwesen (und der daraus resultierenden Wirkung auf den Leser), um an meiner generellen Interpretation festzuhalten.

3.1.6 Zusammenfassende Deutung

Lovecrafts Wesen sind, in ihrer direkten Beschreibung, Hybridwesen aus Fischen und Menschen. Sie leben unerkannt in einer Küstenstadt, getarnt als Menschen.

---

93   Ebenda.
94   Notizen, S. 298f.

Ihr ganzes Erscheinungsbild ist von Einflüssen beider Spezies' geprägt und menschliche wie fischhafte Züge vermischen sich in ihren Widerwillen auslösenden Gesichtern.

Lovecraft selber scheint in seiner Ausgestaltung dabei stark vom realweltlichen Rassegedanken seiner Zeit geprägt zu sein und verwendet die Vermischung von Mensch und Fisch als eine Analogie zu einer realweltlichen Vermischung, beispielsweise der „weißen" und der „schwarzen" Bevölkerungsteile. Der Gedanke, der davon getragen wird, ist Degeneration. Die Menschen verfallen unter dem genetischen Einfluss der Fischwesen, mit denen sie sich paaren, genauso wie ihre Stadt unter dem alltäglichen Einfluss der Fremden verfällt.

Dass er sich dabei für Meeresbewohner als Motivelement entschieden hat, lässt sich auf zwei Arten erklären. Einerseits ist das Motiv von Lovecrafts Abneigung gegen das Meer und seiner Wahrnehmung dessen als dunklem Ort voll verborgener Schrecken geprägt, andererseits jedoch auch durch literarische Vorbilder wie Cobb und Chambers. Ob Blackwood ebenfalls eine Inspiration war, muss Vermutung bleiben, jedoch wird in jedem Fall klar, dass Lovecraft eher vorhandene Konzeptionen ausgeschmückt hat, als selber den Grundstein für das generelle Konzept gelegt zu haben.[95]

Dennoch kann die Kombination dieser Elemente, der unerkannt an Land lebenden Hybriden von Mensch und Meeresbewohner, der Degeneration und der damit verbundenen Analogie zur Vermischung verschiedener

---

95   Vgl. Anmerkungen, S. 283.

„Rassen" als etwas angesehen werden, was zuvor in dieser Form nicht da war und den Kern der Erzählung „Schatten über Innsmouth" ausmacht.

3.2 Das Motiv in Im tiefen Schnee ein stilles Heim

3.2.1 Die primären Textstellen

Anders als bei Lovecraft, sind es in Duves Erzählung zwei Textstellen, die eine relevante Betrachtung des Hybrid-Motivs darstellen. Wie bei Lovecraft ist dort einerseits die erste Begegnung des Erzählers mit dem Hybrid-Wesen und die daraus resultierende Beschreibung zu nennen, doch hinzu kommt noch die finale Eskalation, in der sich die wahre Natur der alten Dame offenbart.

Zunächst fällt Anita die Kleidung der Frau is Auge. Bei ihrer ersten Begegnung trägt sie ein altmodisches, schwarz-irisierendes Kleid[96], das insbesondere die Beine Frau Oktobers vollständig verbirgt. Noch gibt es für sie keine Möglichkeit zu erahnen, dass sich darunter ein halb tierhafter Körper verbirgt, aber Duve bereitet dies bereits durch die Beschreibung ihrer Bewegungen vor, die eher rück- und seitwärts verlaufen anstatt voran, eher an ruckhaftes Rollen, als an Schritte erinnern.[97]

Ihr Gesicht ist von braunen Flecken gezeichnet und ihre Haare erscheinen „wulstig"[98], mit tief in den Höhlen liegenden Augen.[99] Doch neben all diesen

---

96   Vgl. Im tiefen Schnee, S. 131.
97   Vgl. ebenda.
98   Ebenda, S. 131f.
99   Vgl. ebenda, S. 132.

Details ist der vielleicht groteskeste Teil der Schilderung die Beschreibung des Mundes, wie Anita sie wiedergibt, dessen Unterkiefer breiter als der Oberkiefer ist und dadurch, dass er deutlich unter einer fleischigen Oberlippe hervorragt, an einen Papagei erinnert.[100]

Doch obschon sich für den Leser klar erkennbar Hinweise ansammeln, dass mit Frau Oktober zumindest etwas nicht stimmen kann, bleibt die Auflösung dennoch über weite Teile der Zeit, die die Erzählerin bei der alten Dame verbringt, bestenfalls angedeutet. Was es wirklich mit den Bewegungen, der langen Kleidung und der eigenartigen Physiognomie der Frau auf sich hat, offenbart sich erst in der direkten Konfrontation, als sie stürzt. Anstelle von Beinen winden sich unter dem Rock der alten Frau miteinander verschlungene natterdicke Fangarme.[101]

Es kommt zum Kampf und Anita scheint bereits zu unterliegen, doch als sie realisiert, dass die Tentakel versuchen, sie unter den Rock zu ziehen[102], gewinnt sie neue Kraft und tötet Frau Oktober, bezeichnenderweise indem sie mit einem „fischförmigen Brieföffner"[103] wiederholt zustößt. Anita siegt und Frau Oktober verstirbt direkt vor Ort.

3.2.2 Das generelle Motiv

Bezeichnend für Duves Geschichte ist, dass sie das Motiv um Frau Oktober sehr langsam aufbaut. Zwar wird wie gezeigt bereits die erste Begegnung Anitas mit

---

100	Vgl. ebenda.
101	Vgl. ebenda, S. 147.
102	Vgl. ebenda, S. 148.
103	Ebenda.

ihr dazu genutzt, auf den ungewöhnlichen Körperbau einzugehen, doch findet die letzte Enthüllung auch erst in der finalen und dabei recht kurzen Konfrontation statt. Dies beschließt nicht die gesamte Geschichte, bildet jedoch einen Höhe- bzw. Wendepunkt.

Dennoch zieht sich die Vorausdeutung auf Frau Oktobers Natur als Hybridwesen bereits durch den gesamten Text. Schon bevor Anita den Laden betritt, erspäht sie in der Schaufensterauslage Tinte, die dort als „ECHTE SEPIA"[104] ausgewiesen wird.

Das lässt sich auf zwei Arten deuten, die jedoch beide Vorausdeutungen darstellen würden – entweder bezeichnet Sepia hier den Farbstoff, der den Tintenfischen zu eigen ist und aus dem Tusche gewonnen wird, oder aber es ist sogar noch wörtlicher zu verstehen, indem es, als Bezeichnung der zehnarmigen Kopffüßer, Frau Oktober selbst als „echte Sepia" ausweist. In jedem Fall bemerkenswert ist, dass in diesem Aspekt der Aufbau des Motivs über die reine Physiognomie hinausgeht.

Ähnlich verhält es sich auch bei dem Namen der Frau. Anita gegenüber weist sie „schelmisch" auf die naheliegende Verbindung hin, also Oktober im Sinne des gleichnamigen Herbstmonats[105]. Doch schon in dem Wort „schelmisch" zeigt sich die mögliche Doppeldeutigkeit und der Name kann auch als Anspielung auf den Begriff des Oktopoden, als andere Bezeichnung für einen Kraken, verstanden werden.

Der Vorname wiederum, Hedwig, ist aus den altdeutschen Worten hadu und wig erwachsen[106], die

---

104   Im tiefen Schnee, S. 129.
105   Vgl. ebenda, S. 132.
106   Vgl. Gerr, Elke: Das große Vornamenbuch. Baden-Baden: Humboldt 2003, S. 147.

beide Kampf bedeuten, was man als Vorausdeutung auf den Konflikt verstehen kann, der Anita letztlich mit ihr bevorsteht.

Doch auch in der körperlichen Beschreibung streut Duve immer wieder Hinweise ein. Als es zu einer erste Missstimmung zwischen den beiden kommt, zeichnet sich violette Farbe in Frau Oktobers Gesicht ab.[107] Das entspricht ebenfalls einem typischen Merkmal vieler Kopffüßergattungen. Im Laufe des Streits wird diese Verfärbung weiter betont und Duve greift nicht nur die für Kopffüßer typischen großen Augen auf, sondern setzt sie bildlich darüber hinaus sogar mit Saugnäpfen gleich.[108]

Nur angemerkt sei an dieser Stelle, dass Duve, als das Hybridwesen erstmals in Gänze zu sehen ist, von „einer Krake"[109] spricht, obwohl das Wort „Krake" zumindest nach den damals gültigen Rechtschreibregeln eindeutig grammatikalisch männlich war. Ob dies allerdings eine bewusste Setzung darstellt, oder es vielmehr nur die Folge eines mittlerweile auch in die amtliche Rechtschreibung Einzug gehalten habenden Aufweichen dieser Regelung ist, ist nicht zu klären.

Doch unabhängig davon wohnt der Konfrontation zwischen den beiden Frauen eine stellenweise starke, symbolische sexuelle Komponente bei, die auch in direktem Bezug zu dem Motiv des Tintenfisch-Mensch-Hybridwesens steht.

Die Brieföffner in Raubfischform[110] sind ein Teil dieses Elementes. Neben ihrer Verbundenheit zu dem

---

107   Im tiefen Schnee, S. 140.
108   Ebenda.
109   Ebenda, S. 147.
110   Vgl. ebenda, S. 129.

Meeresbewohnermotiv, das die Geschichte allgemein durchzieht, wird der Fisch auch schon in der klassischen Mythologie oft „als Sinnbild des Phallus angesehen"[111]. Man könnte dies als vollständige Koinzidenz abtun, wären nicht die sonstigen Begleitumstände des Kampfes. Die Tentakel ziehen sich zurück, ziehen Anita unter den weiten Rock, dem Schoß von Frau Oktober entgegen, wo ihr der Geruch von Meer und Tod entgegenschlägt.[112]

Bei einem Tintenfisch sitzt dort, wo die Beine am Leib zusammenkommen, der Schnabel. Während zwar die Anatomie Frau Oktobers in der Geschichte niemals genau beschrieben wird, wird jedoch bereits zuvor erwähnt, dass schon ihr Mund an einen Papageien erinnere[113] und somit muss die Annahme, dort einen Schnabel zu vermuten, hier nicht zutreffen. Die Deutung, dass es also vielmehr die Vagina ist, auf die Anita zugezogen wird, und der sie sich mit einer männlich assoziierten, weil phallischen, improvisierten Waffe erwehrt, liegt demnach nahe.

Dies ist auch dahingehend nicht einfach aus der Luft gegriffen, dass Duve selber dem Aspekt der Sexualität, gerade der Schattenseite des Themas, in ihrem Werk eine große Bedeutung zukommen lässt.[114]

Um der Bedeutung dieses Aspektes des Motivs und der gesamten Erzählung jedoch in Gänze nachspüren

---

111   Bächtold-Stäubli, Hanns; Hoffmann-Krayer, Eduard: Handwörterbuch des deutschen Aberglaubens. Band II. Berlin/Leipzig: De Gruyter 1930, Sp. 1529.

112   Vgl. Im tiefen Schnee, S. 148.

113   Vgl. ebenda, S. 132.

114   Vgl. Hage, Volker; Schreiber, Matthias: Ich stehe gerne im Regen. Ein Interview mit Karen Duve. In: Der Spiegel: 41/1, S. 256. Im Folgenden zitiert als Regen.

zu können, sind zuvor zwei weitere Betrachtungen notwendig.

3.2.3 Duve und mythische Wesenheiten

Schon von Beginn an, jedoch auch über die Veröffentlichung von „Im tiefen Schnee ein stilles Heim" hinaus, kann man in Duves Werke eine Tendenz dazu erkennen, auf Mythologie und insbesondere mythologische Tiere einzugehen. So schreibt sie in ihrem Vorwort zu dem stellenweise augenzwinkernden „Lexikon der berühmten Tiere", das sie gemeinsam mit Thies Völker verfasst hat, dass Tiergestalten Darstellungen menschlicher Eigenschaften seien, gleichsam aber auch Verbündete sowie Gefahren, die am Ende gemeistert werden.[115]

In dem Buch findet sich auch der Eintrag „Nixen (Meerjungfrauen)", der in einigen Punkten durchaus Parallelen zu der Art und Weise besitzt, wie Frau Oktober beschrieben wird. Etwa in ihrer grundlegenden Erscheinung, bis zum Nabel ein Mensch und darunter ein Fisch zu sein. Auch Überlegungen bezüglich der primären Geschlechtsorgane werden hier ebenfalls angedeutet, wenn vermutet wird, die Darstellung mit zwei parallelen Fischschwänzen erfolge „vermutlich aus erotischen Beweggründen und anatomisch-praktischen Erwägungen"[116].

Und zuletzt gibt es auch durchaus charakterliche Parallelen zwischen der Schilderung bei Duve/Völker und

---

115   Vgl. Duve, Karen; Völker, Thies: Lexikon der berühmten Tiere. Von Alf und Donald Duck bis Pu der Bär und Ledas Schwan. München: Piper 1999, S. 5. Im Folgenden zitiert als Lexikon der berühmten Tiere.

116   Ebenda, S. 530.

Duves Frau Oktober, etwa in Form sehr extremer Reaktionen darauf, ihnen durch Ablehnung zu begegnen.[117]

Dennoch erscheint es zu eng, Frau Oktober alleine auf eine bizarre Nixenvariante zu reduzieren.

3.2.4 Die Novelle als Märchen-Allegorie

Auffällig ist, dass Frau Oktober im Grunde beide Pole der allgemeinen Tierbeschreibung erfüllt; sie ist Freund und Gefahr zugleich. Fasst man die Phantastik weiter, über die Tierbilder hinaus, so entspricht dies auch den Motiven der gütigen Großmütter und feindseligen Hexen, wie sie aus den Märchen heraus bekannt sind.

In Frau Oktober spiegeln sich beide Elemente wider. Einerseits ist sie eine gütige Frau, die einer Wildfremden Obdach, Kleidung, Essen und sogar Arbeit anbietet; andererseits ist ihr Verhalten bei jedweder Form von Widerspruch von Zorn und Rachsucht geprägt. Petra M. Bagley deutet dieses Spannungsverhältnis in ihrem Essay „Granny Knows Best" sogar als eine regelrechte Metamorphose von der Verkörperung gütiger, großmütterlicher Eigenschaften hin zu einer monströsen Kreatur und vergleicht diesen Vorgang mit der Wandlung, die auch die Hexe im Grimm'schen Märchen von „Hänsel und Gretel" durchläuft.[118]

Diese angesprochene Ähnlichkeit zu „Hänsel und Gretel" ist groß. In beiden Geschichten verlaufen sich

---

117 Vgl. ebenda, S. 531.
118 Vgl. Bagley, Petra M.: Granny Knows Best: The Voice of the Granddaughter in 'Grossmütterliteratur'. In: Bartel, Heike; Boa, Elizabeth: Pushing at Boundaries. Approaches to Contemporary German Writers From Karen Duve to Jenny Erpenbeck. Amsterdam, New York: Editions Rodopi 2006, S. 156.

die Protagonisten und landen letztlich bei einer alten Frau, die sich zunächst nett und umsorgend gibt, jedoch eine andere, dunkle Seite besitzt und schlussendlich in einer direkten Konfrontation den Tod findet. In beiden Fällen ist das, wodurch sie den Tod finden, sogar eng mit ihrer wahren Natur verbunden – die Hexe stirbt in ihrem eigenen Ofen, Frau Oktober durch den fischförmigen Brieföffner.

Doch auch eine andere Variante der klassischen Märchenfiguren, die böse Stiefmutter, kann in Frau Oktober wiedererkannt werden. Anita ist nach dem Tod ihrer Mutter ebenfalls ein Waisenkind, das in die Obhut einer sich als herrschsüchtig erweisenden Frau gegeben wird. In diesem Sinne ist es kein Zufall, dass der bis dahin eher schwelende Konflikt ausgerechnet über Anitas Plan, sich mit Köpfli zu verabreden, eskaliert. Anita jedoch ist nicht bereit, die Rollenaufteilung, in der Frau Oktober sozusagen die Mutterrolle übernimmt und somit ihr gegenüber weisungsbefugt ist, zu akzeptieren und sich unterzuordnen, obschon ihr eine Emanzipation von ihrer leiblichen Mutter wie in 2.2.2 aufgezeigt nie geglückt war. [119]

In diesem Kontext kann auch der Versuch, Anita in ihren Schoß zu ziehen, noch einmal betrachtet werden – gewissermaßen als endgültigen Akt der Besitzergreifung.

Anders als in der heutigen Verwertung der klassischen Märchen ist die schreckliche Seite hier nicht idealisiert oder entschärft, aber darin ist der Text ebenfalls typisch für Duve, die sich selber auch als zwischen den Polen

---

119   Vgl. Im tiefen Schnee, S. 146.

präziser Beschreibungen des Gegenwartsleben und phantastischer Parabeln gespannt sieht.[120]

3.2.5 Zusammenfassende Deutung

In diesem Spannungsfeld entfaltet sich das gesamte Motiv des Hybridwesens in Karen Duves Geschichte. Es basiert auf der Kombination einer Reihe von Archetypen der Märchenliteratur, der gütigen Großmutter, der bösen Hexe sowie der gleichermaßen bösen Stiefmutter, und folgt dahingehend den Konventionen der Gattungsvorlage. Die Kombination mit dem Tierelement einer Fabel wiederum steigert die Bedrohungssituation noch und der Kampf mit dem Kraken verkörpert Anitas Ringen um Selbstbestimmung. Darin, dass sie sich den Zwängen dieser mütterlichen Figur widersetzt und damit deren monströsesten Züge offenbart, zugleich mit der Absicht, sich mit einem Mann zu verabreden, zieht sie einen – wenn auch naiven und störrischen – Schlussstrich unter viele Aspekte ihres bisherigen, stets von anderen Menschen beherrschten Lebens. Umgekehrt können die Arme des Tintenfisches, die sich um Anita legen und versuchen, sie unter Rock zu zerren, als Versuch verstanden werden, die Kontrolle über sie zu erlangen und sie, in jeder Beziehung, in die Tochterrolle zu zwingen.

Würde die Geschichte dort enden, würde wie in einem Märchen sogar der Eindruck eines glücklichen Ausklangs entstehen, doch indem Duve die Geschichte fortsetzt, indem sogar Anita innerhalb der Erzählung nach einem vermuteten Endpunkt weitere Einträ-

---

120   Vgl. Regen, S. 256.

ge verfasst, zerbricht dieser Eindruck. Nicht nur, dass Anita die alte Frau ermordet hat und sich mit diesem Gedanken auseinandersetzt, auch Johann Köpfli ist kein Märchenprinz. Obschon es zwischen den beiden noch zum Geschlechtsakt kommt, beschreibt Anita die als ein „besonders unangenehmes Stück Gegenwart"[121] und mit Ausnahme der direkten Bedrohungssituation durch Frau Oktober bleiben ja all die finsteren Ereignisse der Geschichte ungelöst. An dieser Stelle nicht aufzulösen, aber durchaus interessant, ist die Frage, ob der Schlusssatz der Geschichte – „Alles ist gut."[122] – nicht auch als bittere Ironie seitens Duve verstanden werden kann, gewissermaßen als Kommentar auf die typischen, positiven Schlusssätze klassischer Märchen.

3.2.6 Ist Anita ein verlässlicher Erzähler?

All dies geht zunächst einmal vom Wortlaut der Erzählungen aus, doch gerade der unter 2.2.2 erwähnte, ambivalente Schluss der Geschichte provoziert auch die Frage, inwiefern man Anita als verlässliche Erzählerin akzeptieren kann. Neben den schon genannten logischen Brüchen um die Erklärung des Polizisten sprechen auch einige weitere Elemente für einen Bruch mit der eigentlichen Erzählebene im Epilog der Geschichte. Mit den Worten, dies sei ihre Geschichte gewesen, lässt Duve Anita die eigentliche Haupthandlung beenden, dann jedoch wieder aufgreifen.[123] Es ist der einzige deutliche Wechsel in der gesamten Erzählung, die sonst oftmals

---

121   Im tiefen Schnee, S. 161.
122   Ebenda, S. 165.
123   Ebenda, S. 156.

fließend durch Orts- und Zeitebenen springt. Auch zumindest bemerkenswert ist, dass sich Anita bei ihrem Geschlechtsakt mit Köpfli so weit distanziert, als wäre das, was dort geschieht, nicht einmal ihre eigene Erfahrung, sondern etwas, das sie in der dritten Person schildert. Sie sieht sich bei dem Vorgang selbst im Spiegel, macht sich somit zu einem fremden Beobachter ihrer eigenen Szene und löst sich somit zumindest für den Moment emotional von der schmerzhaften Erfahrung.[124]

Ich habe mich jedoch dazu entschieden, diesen Aspekt zwar zu erwähnen, jedoch nicht weiter in den Motivvergleich mit einzubeziehen, denn obschon eine derart quasi-traumatische Beschreibung Anlass sein könnte, das Motiv des Tintenfisch-Mensch-Hybridwesens Frau Oktober als psychologischen Akt der Verdrängung seitens Anita zu deuten und die Betrachtung des Spiegelbildes als eine Art Ebenenwechsel verstanden werden könnte, so muss man jedoch sehen, dass dieser mögliche Bruch erst *nach* der Konfrontation und ihrer Niederschrift auftritt. Die Betrachtung dieser Elemente im Rahmen einer späteren Arbeit ist interessant, betrifft das hier besprochene Element der Geschichte jedoch bestenfalls indirekt.

---

124   Vgl. ebenda, S. 162.

4. Das Motiv des humanoiden Fisch-Mensch-Hybriden

4.1 Lovecraft und Duve

4.1.1 Formale Parallelen in beiden Texten

Interessant und für den Vergleich der beiden Motive auch durchaus relevant ist, dass beide Texte, „Schatten über Innsmouth" wie „Im tiefen Schnee ein stilles Heim", auf formaler und struktureller Ebene einem sehr ähnlichen Aufbau folgen.

Beide Texte sind aus Sicht eines Ich-Erzählers verfasst. Das ist für Lovecrafts Werk absolut typisch[125], jedoch auch zumindest für Duves Geschichten aus der Zeit der Veröffentlichung nicht ungewöhnlich[126]. Direkt

---

125   Vgl. Koseler, Michael: Anmerkungen zur Erzählkunst Howard Phillips Lovecrafts. In: Rottensteiner, Franz: Über H.P. Lovecraft. Frankfurt am Main: Suhrkamp 1984, S. 88. Im Folgenden zitiert als Anmerkungen zur Erzählkunst.

126   „Keine Ahnung", der Band, in dem auch die vorliegende Novelle veröffentlicht wurde, enthält acht weitere Kurzgeschichten, die ausnahmslos alle

daraus folgen bereits einige Stilmittel, die beiden Texten gemein sind. Ich-Erzählungen erzeugen beim Leser ein Gefühl von Sicherheit, da der Erzähler letztlich das Ende der Geschichte lebend erreichen muss, um seinen Bericht überhaupt geben zu können[127]. Dies ist ein Eindruck, mit dem beide Autoren bewusst spielen, wenn Lovecraft seinen namenlosen Erzähler am Ende sein Schicksal als Hybridwesen nicht nur anerkennen, sondern willkommen heißen lässt und wenn Anita ihrerseits verkündet, dass nun alles gut sei, während sie nach dem begangenen Mord in dem Haus langsam einschneit.

Auch die zuvor dargestellten, zahlreichen Vorausdeutungen, die zentral für die Darstellung des Fisch-Mensch-Hybridwesen-Motivs sind, lassen sich auf die Erzählform zurückführen[128].

Der Einstieg in die Geschichte ist bei Lovecraft oft sehr bewusst und elaboriert gewählt, mit ersten Andeutungen und Hinweisen, um das Interesse des Lesers zu wecken.[129] Dies gilt für „Schatten über Innsmouth", das zwar mit dem scheinbar sachlich-neutralen Verweis auf die Untersuchungen der Bundesregierung in der Küstenstadt beginnt, dann jedoch bereits durch den Hinweis auf die ungewöhnlich hohe Zahl an Verhaftungen und deren Heimlichkeit andeutet, dass es dort ein Geheimnis gibt. „Im tiefen Schnee" beginnt damit, dass Anita verkündet, ihr Leben sei bis auf die vorige Woche völlig normal verlaufen, und macht damit sofort

---

in der Ich-Form verfasst sind.
127   Vgl. Anmerkungen zur Erzählkunst, S. 101.
128   Ebenda.
129   Vgl. ebenda, S. 102.

deutlich, dass eben diese Normalität in der folgenden Geschichte durchbrochen werden wird.

Es sei jedoch angemerkt, dass dies für sich genommen kein Alleinstellungsmerkmal ist und so beispielsweise auch für die zuvor erwähnten direkten Vorlagen Lovecrafts gilt, insbesondere für Cobbs „Fischkopf", in dem der Erzähler direkt zu Beginn die Unbeschreiblichkeit des Sees beteuert, an dem die Ereignisse stattfinden[130], sowie Chambers' „The Harbor-Master", das der Erzähler damit eröffnet, dass er scheut, zu berichten, was passiert sei, weil es auch ihm so unglaublich erscheine[131].

„Schatten über Innsmouth" ist jedoch darüber hinaus im Gesamtkontext von Lovecrafts Werk einer von nur wenigen Sonderfällen, in denen er mit einer chronologisch geschilderten Erzählgegenwart bricht, um umfassendere Informationen zur Geschichte zu liefern.[132] Wenn auch ungewöhnlich für Lovecrafts Erzählungen, ist es doch eine weitere Gemeinsamkeit mit Duves Text, in dem Anita mehrfach in Form eines Bewusstseinsstroms Erinnerungen an ihre Kindheit einstreut, beispielsweise nach ihrer Zugfahrt[133].

Beide Texte sind also durchaus formal ähnlich.

4.1.2 Motivbezogene Parallelen

Auch die Art und Weise, wie das Motiv der Fisch-Mensch-Hybriden inszeniert wird, ist in beiden Texten, zumindest auf einer oberflächlichen Ebene, sehr ähnlich. Wie aufgezeigt sind beide

---

130   Vgl. Fischkopf, S. 72.
131   Vgl. The Harbor-Master, S. 214.
132   Vgl. Anmerkungen zur Erzählkunst, S. 104.
133   Vgl. Im tiefen Schnee, S. 125ff.

Erzählungen von einem gezielten, langsamen Aufbau gekennzeichnet. Entlang zahlreicher Vorausdeutungen in der Formulierung des Ich-Erzählers, aber auch in den geschilderten Handlungselementen, bereiten beide Autoren jeweils ihre Enthüllung vor. Diese Enthüllung deckt in den Geschichten das hier behandelte Motiv des Hybridwesens auf und ist darüber hinaus in beiden Fällen eindeutig negativ gezeichnet. Lovecrafts Erzähler wird, schon als er mit Joe Sargent den ersten Bewohner Innsmouths sieht, von einer Abscheu erfasst, der er sich nicht widersetzen kann[134]. Anita wiederum findet Frau Oktober zunächst nur „merkwürdig"[135], doch steigert sich dieser Eindruck und als sie letztlich den Blick auf die Krakenarme unter dem Rock der Frau erhascht, ist auch ihr Urteil eindeutiger und sie nennt es „entsetzlich."[136]

Zuletzt ist dem Motiv in beiden Geschichten gemein, dass es unvermeidlich zu einer Konfrontation führt. In beiden Geschichten hegt die Erzählerfigur die Absicht, sich von dem oder den Hybridwesen zu entfernen. Lovecrafts Erzähler möchte aus Furcht den Ort verlassen, Anita äußert mehr als trotzige Drohung, dass sie auch bei Köpfli unterkommen könnte, und in beiden Fällen kommt es danach zum Kampf. Die gewaltsame Lösung ist unvermeidlich und zumindest kurzfristig erfolgreich. Langfristig führt sie in Anitas Fall zwar zum Tod des Hybridwesens, jedoch dennoch nicht, wie aufgezeigt, zu einem „Happy End". In Lovecrafts Erzählung, deren Erzähler ja mehr als einer Kreatur gegenübersteht,

---

134   Vgl. Schatten über Innsmouth, S. 25f.
135   Im tiefen Schnee, S. 132.
136   Ebenda, S. 147.

braucht es sogar eine zweite gewaltsame Instanz in Form des Polizeieinsatzes, um die Ordnung der Welt wiederherzustellen[137]; doch ist es auch hier, wie die Verwandlung am Ende zeigt, kein dauerhafter Erfolg.

4.1.3 Eindeutige Abweichungen

In ihrer Deutung jedoch liegen die Motive weit auseinander. Das Themenfeld der Degeneration, das Lovecrafts Erzählung kennzeichnet, ist bei Duve ebenso wenig zu finden, wie der Akt der Emanzipation Anitas in „Schatten über Innsmouth" eine Entsprechung hätte.

Interessant ist auch, dass Lovecraft zur Darstellung der negativ empfundenen Vermischung von Rassen und der Ausgestaltung des Degenerationsmotivs vor allem auf Aspekte wie das Meer und seine Bewohner zurückgreift, für die er selber eine starke Ablehnung empfindet, vermutlich in der Annahme, dass dies dann auch für seine Leser gelte[138], wohingegen sich Duve mit dem Rückgriff auf Märchen und Fabeln eher eines Feldes bedient, dem sie zugeneigt ist; das gilt sogar für den Aspekt extremen Wetters in Form des Schneesturms, der den Erzählrahmen für die Geschichte bietet[139].

Die bei Duve zumindest sexualisierte, vielleicht auch erotisierte Komponente des Motivs findet in Lovecrafts Erzählung keinerlei Entsprechung. Dies ergibt sich bereits aus Lovecrafts persönlicher Haltung gegenüber jedweder Sexualität, die er in Briefen stets als niederen Trieb

---

137   Vgl. Anmerkungen zur Erzählkunst, S. 100.
138   Vgl. St. Armand, Barton Levi: Die Fakten im Falle H.P. Lovecraft. In: Rottensteiner, Franz: Über H.P. Lovecraft. Frankfurt am Main: Suhrkamp 1984, S. 172.
139   Vgl. Regen, S. 258.

ablehnt. Gemäß der Charakterisierung bei Lévy ist Sex in Lovecrafts Augen etwas für Wilde und Affen in dunklern Wäldern, wohingegen die Menschheit nach Höherem und der Unendlichkeit entgegen zu streben habe.[140]

Tatsächlich steht er der Umsetzung des Themas im Bereich der Künste sogar noch kritischer gegenüber und spricht ihm, wie Houellebecq beschreibt, sogar jedweden literarischen Wert ab[141]. Insofern steht Duves Text zumindest in diesem Punkt diametral Lovecrafts Literaturauffassung gegenüber.

4.1.4 Duve als Epigone Lovecrafts?

Lovecrafts großer Einfluss auf das gesamte Genre der Schauerliteratur in den Generationen nach ihm macht es natürlich schwierig, sicher festzulegen, ob die Ähnlichkeiten in beiden Texten vielleicht daher rühren, dass Duve mit seiner Arbeit vertraut war. Diese Frage kann auf Basis des Textes nicht endgültig geklärt werden. Das zuvor erwähnte „Lexikon der berühmten Tiere" mag jedoch ein hinreichendes Indiz liefern, dass sie Lovecrafts Werke zumindest nicht aktiv im Bewusstsein hatte. Denn das Buch, dass in dem schon erwähnten Abschnitt über Nixen das Themenfeld der Fisch-Mensch-Hybriden streift und etwa mit dem thematisch noch ungleich näher an Lovecraft liegenden „Octaman"[142, 143] sogar auf Elemente des Horror-Genres eingeht, erwähnt der Autor an keiner Stelle. Mehr als ein Indiz kann dies aber natürlich nicht sein[144].

---

140   Vgl. Lévy, S. 25.
141   Vgl. Houellebecq, S. 59f.
142   Ebenda, S. 533.
143   Konsequent falsch als „Octoman" bezeichnet.
144   Es sei erwähnt, dass man Karen Duve als heute noch lebende Autorin

4.2 Gemeinsame Ursprünge des Motivs?

4.2.1 Volkssagen und Märchen

Wenn nun aber eine direkte Verbindung zumindest nicht naheliegt und die eigentliche Deutung des Motiv so unterschiedlich erscheint, stellt sich in Folge dennoch die Frage, wie nichtsdestotrotz die starke oberflächliche Ähnlichkeit, die ich unter 4.1.1 und 4.1.2 aufgezeigt habe, zustande kam.

Eine Möglichkeit wäre die Erklärung, dass Lovecraft und Duve, bewusst oder unbewusst, auf einen gemeinsamen Textkorpus zurückgreifen. Duves Verbindung zu Märchen wurde ja bereits umfasst dargestellt, bei Lovecraft stünde sie zu beweisen. In jedem Fall aber weist das Motiv des Wassers im Märchen, so wie es Hedwig von Beit in ihrer Abhandlung „Symbolik des Märchens" darstellt, einige weitere verbindende Elemente aus. Dass es „oft mütterliche Bedeutung"[145] erfülle ist eine Option zu erklären, warum sich Duve für das die Vermischung eines Menschen mit einem Meeresbewohner entschieden hat, doch insbesondere ihre auf Jung fußende, psychologische Auslegung des Meermotivs als etwas, unter dessen Oberfläche Versunkenes verborgen ist und das somit ein Sinnbild des Unterbewussten darstellt, ist interessant.[146]

Das korrespondiert mit der Emanzipationsdeutung

natürlich auch direkt darauf ansprechen könnte. Ein Versuch der Kontakt-aufnahme wurde von mir im Rahmen dieser Arbeit zwar unternommen, jedoch in ihrem Namen von Lektoren ihres aktuellen Herausgebers abge-lehnt.

145   Beit, Hedwig von: Symbolik des Märchens. Versuch einer Deutung. Bern/München: Francke-Verlag 1971, S. 39.

146   Vgl. ebenda, S. 40.

zu „Im tiefen Schnee", ist aber auch in viel wörtlicherer Bedeutung durch die Stadt unter Wasser gegeben, in die in „Schatten über Innsmouth" der Erzähler einzukehren gedenkt.

Inwiefern Lovecraft bewusst Märchenbezüge setzt, kann jedoch nicht beantwortet werden. Wohl aber ist gemäß seiner Autobiographie zumindest sicher, dass er mit Märchen im Allgemeinen und auch Grimms Märchen im Speziellen vertraut war[147].

4.2.2 Literarische Grundlagen

Dass Lovecraft in seinen Texten durchaus in größerem Maße intertextuell arbeitet, als nur Bezüge zu den vorgenannten Texten zu bilden, zeigt sich im letzten Satz der Geschichte. Im Original heißt es dort: „[...] in that lair of the Deep Ones we shall dwell amidst wonder and glory for ever."[148] Eine Formulierung, die wie die Parodie einer biblischen Passage, Psalm 23:6, anmutet, in der es heißt: „and I will dwell in the house of the Lord for ever."[149, 150]

Das Motiv des Meeres ist in der Literatur ohnehin sehr verbreitet. Dort finden sich ebenfalls Ansätze, mit der die parallele Verwendung bei Lovecraft und Duve zu erklären wäre. Versteht man die See als eine sich dem autonomen Willen widersetzende Elementarkraft[151], so

---

147   Vgl. Autobiographie, S. 244.
148   The Shadow over Innsmouth, S. 317.
149   The Holy Bible. King James Version. Peabody: Hendrickson 2011, S. 279.
150   Interessant ist hier, dass diese Referenz in der Diesel-Übersetzung völlig verloren geht, wohingegen in der Hermstein-Fassung dort zwar auch eine Bibelreferenz zu finden ist, diese jedoch vom Wortlaut her nicht dem Psalm, sondern vielmehr dem 'Vater Unser' zu entsprechen scheint.
151   Vgl. Daemmrich, Horst S. und Ingrid: Themen und Motive in der Litera-

kann man dies durchaus auf beide Texte übertragen. Bei Lovecraft ist es der einzelne Mensch, der sich dem Einfluss der Wesen aus dem Meer zu widersetzen versucht, aber ultimativ daran scheitert, bei Duve wiederum ist es ein Meeresbewohner, der all die Unterdrückung des Umfeldes verkörpert, gegen die Anita aufbegehren muss. Die Lesart, das Meer in der Literatur auch als „Motivation der Auseinandersetzung zwischen einer humanen und einer amoralischen Daseinsorientierung"[152] zu verstehen, passt gleichermaßen. Lovecrafts Erzähler unterliegt dabei als humanes Element, wenn er am Ende sein Schicksal als Hybridwesen anerkennt, wohingegen in Duves Erzählung die Entscheidung der Frage, wie der Ausgang des Konfliktes zu werten ist, komplexer erscheint.

Explizit im Bereich der Fisch-Mensch-Hybridwesen gibt es zwar ähnliche, jedoch abseits der schon näher betrachteten Texte keinerlei wirklich vergleichbare Erscheinungen. Auf Parallelen zu Nixen- und Meerjungfraumotiven ging ich ja bereits ein, doch insbesondere das Element des unerkannt unter den Menschen an Land lebenden Hybriden findet sich kaum. Andere Schriftsteller griffen zwar auch auf ähnliche Wesen zurück, doch sind diese, wie etwa die Figur des Caliban in Shakespeares „The Tempest"[153], zu monströs, um sich unbemerkt einzugliedern. Im Bezug auf eine Deutung Lovecrafts und Duves scheinen diese Ähnlichkeiten keine Hilfe zu bieten.

---

      tur. Tübingen: Francke Verlag 1987, S. 280.
152   Ebenda.
153   Vgl. Shakespeare, William: The Tempest. In: Ders.: The Complete Works of William Shakespeare. New York, Toronto, London, Sydney, Auckland: Random House 1997, S. 10.

5. Schlussfolgerungen und Deutung

5.1 Die Angst vor dem Unbekannten

Insgesamt entsteht der Eindruck, dass weniger das Motiv an sich, sondern vielmehr die damit verbundenen Assoziationen dazu führen, es gleichermaßen effektiv in zwei inhaltlich so unterschiedlichen Erzählungen anzutreffen. Eines diese die Geschichten zumindest im übertragenen Sinne verbindenden Elemente ist eine grundlegende Angst vor dem Unbekannten. Lovecrafts Erzähler weist zwar einen gewisser Entdeckergeist auf, indem er beschließt, rein aus Neugierde Innsmouth zu besuchen, doch schreckt er auch schon sehr bald vor dem zurück, was er dort findet und was sich seinem Weltbild letztlich entzieht. Bei Anita verhält es sich ähnlich. In ihrem Falle stellt im Grunde die gesamte Welt das Unbekannte dar, aber einen Vorstoß dort hinein unternimmt sie erst, indem sie aus den Bahnen ihres bisherigen Lebens ausbricht. Beides steht zumindest in

Verwandtschaft zu der Idee, das Meer als Motivation für ein Ringen um wahlweise Moral oder freien Willen zu sehen.

In beiden Geschichten ist das Wesen, dem sich der Protagonist gegenüber bewähren muss, zur Hälfte eine Meereskreatur und zur Hälfte Mensch, und verkörpert zugleich auch den jeweiligen Konflikt der Erzählfigur.

5.2 Das Fremde in unserer Mitte

In Abgrenzung zu vergleichbaren Motiven zeichnen sich die Hybridwesen in „Schatten über Innsmouth" wie „Im tiefen Schnee" auch dadurch aus, dass sie unerkannt inmitten der Menschen leben. Im Falle von Lovecrafts Geschichte fügt sich dieses Element nahtlos in die allgemeine Deutung ein, indem die Degeneration, die in diesem Falle von den Wesen über die Menschen gebracht wird, in deren Mitte getragen wird. Dies passt auch zu Lovecrafts Wahrnehmung unterschiedlicher (Menschen-)Rassen und der Notwendigkeit, sich in dieser Auseinandersetzung zu behaupten.

In Duves Fall lässt sich hingegen aus der Geschichte selber ebenso wenig wie aus der allgemeinen Deutung heraus eine klare Begründung dafür finden. Ausgehend davon, dass Anita sich gegenüber der Alltagswelt behaupten muss, kann man natürlich argumentieren, dass auch der eigentliche Konflikt aus dieser Alltagswelt entstammen muss, doch das ist als Argument für sich eher schwach. Sieht man die Geschichte jedoch als Märchen, so ist es hingegen für das Genre archetypisch, dass das Mystische und Böse teils verborgen nur auf arglose Opfer lauert. Dies wiederum passt sehr gut zu der Deutung Frau Oktobers als „Großmutter" bzw. „Hexe" im Sinne des Märchens, parallel etwa zu der Hexe in „Hänsel und Gretel".

Interessant ist jedoch, dass diese Deutung wiederum stark der Konzeption Lovecrafts ähnelt, dass es auf der Welt Orte gibt, an denen das Grauenvolle und Unbekannte, aber im weiteren Sinne eben auch das Phantastische lauert. Insofern gibt es durchaus in der Deutung beider Texte eine Parallele, wenngleich nur schwach.

5.3 Die Ebene der Sexualität als eindeutige Differenz

Jedwede Form sexueller Elemente in Duves Erzählung bleibt bei Lovecraft ohne Entsprechung. Zwar sind auch seine Wesen das Produkt einer Paarung von Mensch und Fischwesen, doch wird dies nur erwähnt, niemals zum direkten Teil der Handlung. In „Im tiefen Schnee" hingegen ist sowohl das Interesse Köpflis an Anita für die Handlung relevant, wie auch die direkt mit dem Fisch-Mensch-Hybrid-Motiv verbundenen Aspekte, dass Frau Oktober versucht, die junge Frau in ihren Schoß zu ziehen und dann mit einem Phallussymbol getötet wird.

Die Sexualität ist dabei, neben dem Märchen-Motiv, auch zentral für die Deutung von Duves Text, denn sowohl Anitas Akt der Emanzipation ist zumindest indirekt dadurch motiviert, eskaliert der Konflikt doch durch ihr Interesse, mit Köpfli auszugehen, genauso wie die Konsequenzen, die aus dem Tod Frau Oktobers erwachsen, letztlich wieder zu dieser Beziehung zurückführen.

5.4 Das kollektive Unbewusste als Erklärungsansatz

Wenn nun aber weder eine gemeinsame Textgrundlage noch eine gemeinsame Aussageabsicht zwischen „Schatten über Innsmouth" und „Im tiefen Schnee" stichhaltig erscheinen, aber nichtsdestotrotz eine Parallele besteht, muss die Verbindung auf einer anderen Ebene bestehen. Einen Deutungsansatz, der die bisher aufgestellten Probleme ausräumt und zugleich eine Erklärung bietet, ließe sich in den tiefenpsychologischen Betrachtungen von Carl Gustav Jung fiden, die ich zuvor bereits im Bezug auf die Märchendeutung kurz erwähnte. Die Verbindung zwischen Jung und der Märchenanalyse ist ohnehin sehr stark, da Jungs Konzeption von psychischen Dispositionen, die bei allen Menschen gleichermaßen zu finden sind, hervorragend anhand von Märchenstoffen mit oftmals überregionaler oder so gar weitweiter Verbreitung untersucht und betrachtet werden kann.[154]

Und während Duves Geschichte ja sogar formal als modernes Märchen verstanden werden kann, ist eine Übertragbarkeit dieser These im weiteren Sinne auf die Phantastik nicht abwegig.

Wichtig hierbei ist, dass die Dispositionen, die Jung Archetypen nennt, seiner Theorie nach keine feste

---

154   Vgl. Neuhaus, Stefan: Märchen. Tübingen: Francke 2005, S. 27.

Sammlung konkreter Bilder, sondern eine angeborene Tendenz ist, solche Bilder selber zu formen. Demnach können sie sich im Detail auch durchaus unterscheiden, bleiben in ihrer Grundstruktur aber gleich.[155]

Geht man nun von dieser These aus, scheinen sich viele Fragen aufzuklären. Unterstellt man, dass eine grundlegende Ablehnung von den uns Menschen so fremd erscheinenden Meeresbewohnern nicht nur in Lovecrafts Fall eine individuelle Wahrnehmung ist, sondern sie sich vielmehr als kollektive psychische Disposition in wenigstens der westlichen Welt findet, so würde dies erklären, weshalb das Motiv so weitläufig Verwendung fand. Es wäre eine Erklärung für die Wahl des Motivs bei Chambers und Cobb, von denen ausgehend es dann Resonanz bei Lovecraft fand. Zugleich wäre es eine Erklärung, was Duve dazu verleitet haben könnte, das Großmutter-/Hexe-Motiv ausgerechnet mit einem maritimen Wesen zu vermischen. Es wäre das gemeinsame Fundament beider Texte, das weder Biografie, Inspirationsquellen noch Deutungsabsicht hatten aufzeigen können.

Jungs Ausführungen scheinen die Theorie darüber hinaus zu stärken. „Das Wasser ist das geläufigste Symbol für das Unbewusste"[156], schreibt er. Das Wasser ist unmittelbar mit dem Aspekt der Fisch-Mensch-Hybridwesen verbunden, aber auch mit anderen Elementen der Geschichte, wie der am Meer liegenden

---

155 Vgl. Jung, Carl Gustav: Symbole und Traumdeutung. Ein erster Zugang zum Unbewussten. Zürich, Düsseldorf: Walter 1998, S. 72.

156 Jung, Carl Gustav: Über die Archetypen des kollektiven Unbewussten. In: Ders.: Die Archetypen und das kollektive Unbewusste. Olten, Freiburg im Breisgau: Walter 1976, S. 28.

Küstenstadt bei Lovecraft oder dem ewigen Schneefall bei Duve. Das Wasser ist nach Jung zugleich eine Art Spiegel, in dem man sein wahres, inneres Selbst ungefiltert und ungeschönt betrachten kann. Ein Akt der Selbsterkenntnis, mit dem man das persönliche Unbewusste aufzuheben vermag.[157]

Auch dies wäre bei Lovecraft und Duve zu beobachten, in der Erkenntnis des Erzählers über seine Herkunft in „Schatten über Innsmouth" und in Anitas Konfrontation der bisher ausgeübten, mütterlichen Zwänge.

In diesem Zusammenhang erscheint es zunächst auch sehr passend, dass Jung das Bild einer Nixe, also ebenfalls eines Fisch-Mensch-Hybriden, als eine instinktivere Vorstufe der Konzeption versteht, die er als Anima bezeichnet.[158] Die Anima verkörpert nach Jung auch die „Übermacht der Mutter"[159] und eine ihrer Erscheinungsformen ist die Hexe[160], beides Aspekte, die insbesondere auf Duves Erzählung passen. Im Sinne Lovecrafts ist dieser Aspekt, wie auch die erotischen Bezüge, die Jung aufstellt, schwerer anzuwenden. Jungs abstraktere Beschreibung der Anima als gefährlich, von Tabus behaftet und zugleich magisch[161], passt wiederum hervorragend.

Es ist jedoch zugleich eine Interpretation, die von einer ganz grundlegenden Entscheidung abhängig ist – von der Entscheidung, ob man Jungs Thesen zum kollektiven Unbewussten zustimmen will. Doch auch

---

157   Ebenda, S. 30.
158   Vgl. ebenda, S. 34.
159   Ebenda, S. 38.
160   Vgl. ebenda, S. 39.
161   Vgl. ebenda, S. 37.

wenn in der modernen Psychologie die Thesen Jungs umstritten sind, ist die grundsätzliche Annahme einer evolutionär bedingten universellen Disposition noch immer aktuell[162]. Man könnte in diesem Sinne das Auftauchen des Motivs der Fisch-Mensch-Hybriden in den Texten Lovecrafts und Duves vielmehr als Indiz dafür sehen, dass ein solches Phänomen tatsächlich existiert.

5.5 Ungeklärt bleibende Fragen

Eine Reihe Fragen mussten im Rahmen dieser Arbeit unbeantwortet bleiben. Insbesondere eine Untersuchung der Glaubwürdigkeit Anitas als Erzählerin, untergliedert nach Etappen der Geschichte, wäre letztlich sicherlich zentral für eine Gesamtdeutung von „Im tiefen Schnee ein stilles Heim".

Bedauerlich ist auch, dass eine Kontaktaufnahme mit Karen Duve nicht möglich war, was gerade im Bezug auf die Frage, ob sie mit den Werken Lovecrafts oder vielleicht eines seiner Epigonen vertraut ist, die Deutung des hier untersuchten Motivs, aber auch der Geschichte an sich stark beeinflussen könnte.

Löst man sich hingegen von der Konzentration auf die zwei Autoren, ergeben sich daraus zwei weitere Fragestellungen. Zum einen blieb bisher im Detail ungeklärt, wie Lovecrafts direkte Vorbilder, insbesondere Chambers und Cobb, ihrerseits auf das Motiv gekommen sind. Zum anderen wäre zu untersuchen, ob und

---

162   Vgl. Myers, David G.: Psychologie. Heidelberg: Springer Medizin Verlag 2004, 2008, S. 595.

wie andere literarische Fisch-Mensch-Hybriden, von Andersens kleiner Meerjungfrau bis zu Caliban in Shakespeares „Der Sturm", ebenfalls in den Rahmen des vorgestellten Motivs passen und, falls ja, ob die aufgestellte Theorie auch in diesem Bezug überzeugen kann.

Die Thesen Jungs konnten im Rahmen dieser Arbeit nur recht knapp wiedergegeben werden. So musste beispielsweise die Frage, inwiefern das Konzept der Anima – die Jung im Grunde als den Anteil des Gegengeschlechts im Manne versteht – auf die weibliche Anita überhaupt angewendet werden kann und ob in ihrem Falle nicht vielmehr ein Bezug zum Animus, dem männlichen Aspekt der Psyche einer Frau, hätte gesucht werden sollen, aus Platzgründen ausgeklammert werden.

Zuletzt wäre eine Untersuchung der Theorie sowie der tiefenpsychologischen Herangehensweise an die Literaturanalyse insgesamt vor dem Hintergrund modernerer psychologischer Studien interessant. Welche Alternativmodelle sind seit dem Erscheinen von Jungs Thesen veröffentlicht worden und inwiefern könnten sie, sofern sie das kollektive Unbewusste nicht anerkennen, eine Alternative darstellen, um sich der Fragestellung dieser Arbeit zu nähern?

6. Fazit

Nimmt man all die Betrachtungen zusammen, so kann man als Fazit festhalten, dass die Parallelen zwischen H.P. Lovecrafts „Schatten über Innsmouth" und Karen Duves „Im tiefen Schnee ein stilles Heim" insgesamt ein sehr interessantes Untersuchungsfeld darstellen. In der äußerlichen Struktur der Texte, aber auch in der Inszenierung des Motivs an sich zeigen sich eindeutige Ähnlichkeiten, die jedoch im Kontrast zu anderen Beobachtungen stehen. Die Fisch-Mensch-Hybriden bei Lovecraft und Duve weisen einige Gemeinsamkeiten auf, die sie zugleich miteinander verbinden und von klassischeren Darstellungen abgrenzen. Eine gemeinsame Inspirationsquelle ist mehr oder weniger auszuschließen und auch eine direkte Verbindung zwischen den Autoren, d.h. dass Duve explizit von Lovecraft inspiriert wurde, ist sehr unwahrscheinlich. Die Biografie der beiden Autoren legt ebenfalls keine Verbindung nahe, anhand derer man die Ähnlichkeiten erklären könnte. Darüber hinaus ist zwar die Ausgestaltung des Motivs an sich, sowohl im langsamen Aufbau wie auch in der

Methodik der Schilderung, eindeutig ähnlich, die darüber transportierte Bedeutung jedoch nicht. Lovecrafts mahnende Geschichte als Warnung vor den Gefahren, die für den zivilisierten Menschen in der Vermischung mit fremden Rassen liegen und Duves Schilderung der ungelenken Bemühungen einer jungen Frau um den Versuch von Selbstbestimmung sind nicht miteinander zu vereinbaren.

Die vergleichende Betrachtung beider Texte ist also mindestens ein Beleg dafür, wie ambivalent, fast kontradiktorisch ein literarisches Motiv verwendet werden kann, ohne dabei seine Kraft einzubüßen. Löst man sich jedoch von der engen Betrachtung der Texte und ihrer Urheber, lässt sich über die tiefenpsychologische Arbeit C.G. Jungs tatsächlich ein Bezug herstellen, der als Erklärung dienen kann. Die in seiner Arbeit über die Archetypen und das kollektive Unbewusste herausgestellte, übergreifende Verankerung bestimmter Grundmotive in der Psyche des Menschen ist auch auf die beiden Texte anwendbar. In ihnen ist das Maritime ebenfalls, wie auch bei Jung und trotz aller Differenzen in der Detaildeutung, vom Unbekannten gekennzeichnet, bedrohlich oder gespenstisch gezeichnet und vor allem zu einer Form von Selbsterkenntnis führend. Es wäre also durchaus möglich zu argumentieren, dass sich in beiden Fällen eine grundlegende Disposition der menschlichen Psyche einen Weg in den Text gebahnt hat – ob bewusst oder unbewusst verwendet muss an dieser Stelle offen bleiben –, die als Ankerpunkt für die beiden grundverschiedenen Intentionen dienen kann.

Diese Interpretation wiederum ist jedoch eng an die Akzeptanz der Thesen Jungs gebunden. In jedem Fall aber kann man die beiden Texte als Indiz dafür verstehen, dass eine derartige Disposition in der Tat existieren mag und darüber hinaus festhalten, dass das Motiv von humanoiden Fisch-Mensch-Hybridwesen, losgelöst von der Autorenintention, ein sehr starkes Bild für einen zentralen, identitätsgebenden Konflikt darstellt, den der Protagonist zu bewältigen hat.

Nachwort

Das erste Mal, dass ich die Idee zu der Arbeit, auf der dieses Buch basiert, präsentiert habe, war in einem kleinen Raum mit vielleicht 15 anderen Leuten. Die meisten davon, wie ich, letztlich dort, um ihr jeweiliges Forschungsprojekt vorzustellen. Ich hatte 90 Minuten Zeit, mein Konzept und dessen Hintergründe vorzutragen – also ein Zeitfenster, was weit, weit über die meisten *pitch meetings* und dergleichen hinausging.

Ich stellte alles vor, was relevant erschien, also Hintergründe zu Lovecraft und Duve, die möglichen Verknüpfungspunkte, die ich zu der Zeit sah – einige davon haben es in das vorliegende Werk nicht mehr geschafft, andere waren damals noch nicht präsent –, alles bis auf den Jung-Aspekt, der erst recht spät seinen Weg zu mir finden sollte.

Was mir im Rückblick interessant erscheint, ist, dass es zwar einige (berechtigte) methodische Bedenken gab, die ich daher noch ausmerzen konnte, einige abweichende Interpretationsansätze sowie eine eindrucksvolle Zahl von Motivvarianten, die mir ebenfalls zur Lektüre noch empfohlen wurden, aber dass nicht *einer* in dem Raum die Frage stellte, die ich in meinem privaten, sozialen Umfeld recht regelmäßig antreffen sollte: „Und, wofür ist das mal gut?"

Wenn normalerweise davon gesprochen wird, dass die Literaturwissenschaft zu einem gewissen Teil allein zum Selbstzweck praktiziert werde, dann hat das immer einen negativen Beigeschmack. Ein System, dass nur inhärent seinem eigenen Erhalt dient, weckt Sisyphos-Assoziationen und hat eine Aura von Vergeudung.

Jeder kann sich den praktischen Nutzen von Chemie, Biologie oder Physik denken, ja sogar die Philologie, die Rückseite des Janusgesichtes, das wir Germanistik nennen, kann mittlerweile dank allseits verbreitetem Rhetorik- und Kommunikationshalbwissen eine gewisse Nutzbarkeit in Anspruch nehmen. Aber die Literatur?

Natürlich ist es ein Trugschluss. Ein Trugschluss, der besonders bei jenen schwer wiegt, die ihrerseits durchaus Bücher *lesen*. Denn letztlich ist das Erzählen von Geschichten ein menschliches Urbedürfnis, wie es scheint, genauso wie deren Niederlegung in einer im weitesten Sinne so zu nennenden Schriftform. Die Literaturwissenschaft hat ja mehrere Fragen, denen sie seit jeher nachgeht – doch gerade die Frage, *wie* wir eigentlich diese Geschichten erzählen und warum es funktioniert, so, wie wir es machen, war für mich dabei stets eine der spannendsten.

Somit geht es in diesem Buch natürlich um H.P. Lovecraft und um Karen Duve, es geht um humanoide Fisch-Mensch-Hybridwesen – aber es geht auch abstrakter gesagt um die Frage, wie die beiden Texte ihre Idee kommunizieren, und warum sich die beiden dazu entschieden haben, gerade diese Motive zu verwenden. Im Grunde ist es somit eine Frage, die in ihrer höchsten Abstraktion *jeden* betrifft, und wenn er nur mal früher am Lagerfeuer oder später am Bett seines Kindes eine Geschichte nicht nur nacherzählt, sondern erfunden hat.

Es schwingt dabei sogar ein ganzer Strom an Folgefragen mit, nach der Möglichkeit, Ideen zu erfinden, nach der Natur von Kreativität und der variablen Effizienz althergebrachter und neuer Bilder. Doch im Kern war die für mich spannende Frage immer: Wie erzählen wir, und wie machen wir das?

Das Verfertigen der Arbeit erwies sich dann als weitaus komplexer, als ich es erahnt hatte, obwohl ich den Textkorpus ja schon von Anfang an bewusst klein gewählt hatte. Literatur zu Lovecraft findet sich verhältnismäßig leicht, besitzt aber bei oberflächlicher Betrachtung ein wenig den Makel, auf sehr, sehr wenige grundlegende Meinungsgeber zurückzuführen. Es hat einer ganzen Reihe antiquarischer Glücksgriffe bedurft, bist ich das Gefühl hatte, hier auf einem Fundament aufgestellt zu sein, das breit genug für das Thema in seiner Gänze ist.

Bei Duve wiederum stellte sich die Situation in schon absurdem Maße gegenteilig dar. Es gibt nur recht wenig

Sekundärliteratur zu der deutschen Autorin und wenn, so beginnt sie meist mit ihrem „Regenroman", dem „Im tiefen Schnee ein stille Heim" jedoch vorausgeht. Es gibt einige journalistische Beiträge unterschiedlicher Qualität, einige Erwähnungen hier wie dort, doch wenig, was darüber hinausgeht. Und umgekehrt arbeitet sie insgesamt recht zurückgezogen, gehört nicht zu jenen zeitgenössischen Autorinnen und Autoren, die der Chance, über das Internet den Kontakt zu den Lesern zu suchen, mit Begeisterung begegnen und war sogar im Gegenzug auch über die Verlage hinweg für mich nicht zu erreichen.

Doch diese bisweilen geradezu frustrierende Diskrepanz, über einen Autor, der zum Zeitpunkt meines Schreibens bereits 75 Jahre tot war, so viel mehr zu wissen als über eine Autorin, die zur gleichen Zeit vielleicht sechs Autostunden entfernt im gleichen Land lebt, trug immens zu dem Gefühl bei, dass die Arbeit an „Lovecraft und Duve" markant charakterisierte. Es fühlte sich fast wie Detektivarbeit an, jedoch nicht im Sinne manches Protagonisten Lovecrafts, der in alten staubigen Folianten verborgene Wahrheiten suchte, sondern eher im Sinne eines investigativen Journalisten auf der Suche nach einer Story.

Und wie in Detektivgeschichten, den realen wie fiktiven, war es dann zudem noch mehr ein Zufall, der mich auf eine Spur führte, die mich – wie ich glaube – der Lösung des Falles dann nahe brachte. Nicht die Märchenfachliteratur, die ich bis dato sondiert hatte, keine Abhandlung über Duve oder Lovecraft, sondern ein alltägliches Interview mit Stephen King in einer Fernsehsendung, die ich eigentlich schaute, um den Kopf nach einem Tag des Schreibens mal wieder frei zu bekommen, warf zum ersten Mal den Namen „Jung" in meine Überlegungen ein. Es entbehrt ja nicht einer gewissen Ironie, dass auf diese Weise King die Arbeit an diesem Buch beeinflusste, der ja selber in einer gewissen literarischen Ahnfolge Lovecrafts steht und dessen Werke den Mann aus Providence auch immer mal wieder zitieren.

Ich bin kein übermäßiger Anhänger Jungs, aber dennoch war es ein an Epiphanie grenzender Moment, als das, was ich über seine Theorien ad hoc wusste, mit den Puzzlestücken der beiden Autoren zusammenfiel und es plötzlich nicht mehr wie zwei interessante, aber auch maßgeblich koinzidente Entwicklungen aussah, sondern wie ein ‚Großes Ganzes'. Zwar nur, sofern man gewillt ist, sich auf seine ja durchaus streitbare These des Unbewussten einzulassen, aber dennoch. Eine der Grundregeln in der philosophischen Wissenschaftstheorie ist es ja, dass ein Paradigmenwechsel nur dann erfolgen kann, wenn eine neue Theorie in der Lage ist, alles zu erklären, was ihr Vorgänger zu erklären vermochte, und dann noch etwas mehr. Das ist zugegebenermaßen mehr ein Indiz, aber dennoch genug, um Jungs Theorien für mich vorerst relevant zu halten.

Den Faktor Zufall im Rahmen der Recherche offen zu benennen, widerstrebt vermutlich ein wenig dem Schick der Geisteswissenschaften, obschon glückliche Zu- und sogar Unfälle in der Naturwissenschaft generell anerkannt sind.

Wenn das Thema dieser Arbeit, wie zuvor gesagt, in letzter Abstraktion die Frage ist, wie wir schreiben, so sei es hier aber aus genau diesem Grunde offen benannt, denn *so* schreiben wir ebenfalls. Nicht immer geplant, manchmal einfach durch glückliche Fügungen auf die richtigen Wege geleitet.

Ist „Lovecraft und Duve" am Ende eine bedeutsame Arbeit geworden? Ich denke, es ist eine Frage der Perspektive. Sicherlich wird das Buch jenen, die sich enger mit beiden Autoren befasst haben, wenig Neues bieten können. Allerdings ungeklärt ist dabei die Frage, auf wie viele – oder wenige – Menschen diese Eingrenzung zutreffen mag. Gleichermaßen wird sich die auf Jung basierte Literaturwissenschaft sicher nicht nach dieser Betrachtung gesehnt haben, aber wer selber noch nach einem geeigneten Werkzeug in einer vergleichbaren Situation sucht oder wem es noch an einem zeitgenössischen Beispiel für eine entsprechende Literaturanalyse mangelt, dem mag genau das entgegenkommen.

Mir hat die Arbeit daran in jedem Fall etwas gebracht. Und dabei geht es gar nicht um einen akademischen Abschluss, oder die Anerkennung durch den Professor, und nur am Rande um das stets sehr gute Gefühl, eine schwierige und komplexe Aufgabe bewältigt und hinter sich gelassen zu haben, sondern es geht vor allem um ein Gefühl. Denn ich finde die Parallelen zwischen beiden Texten, der Jung'sche Ansatz, die Vorbilder und unbewussten Einflüsse, sie alle zeigen einfach ein weiteres Mal, wie unfassbar großartig Literatur sein kann.

Sogar jene, die manche zunächst mit hochgezogener Augenbraue als Schund, als Außenseitermaterial oder als eigenartig betrachtet haben mögen.

Thomas Michalski
Juli 2013

Danksagungen

Wie bei jedem Buch, so gibt es auch in diesem Falle wieder eine ganze Reihe Leute, die Dank verdienen. Erster Dank gebührt **Prof. Dr. Jürgen Egyptien** des Instituts für Germanistische und Allgemeine Literaturwissenschaft der RWTH Aachen. Alleine schon, weil ich ohne ihn vielleicht nicht auf Karen Duve aufmerksam geworden wäre, vor allem aber, weil er Jahre darauf bereit war, eine thematisch ja doch eher unorthodoxe Arbeit wie meine zu betreuen und dies auch mit Engagement getan hat.

Weiter bedanken möchte ich mich bei **Gesa Steinbrink** vom Suhrkamp Verlag, die mir überaus hilfsbereit zur Seite stand bei meiner Spurensuche in Sachen Karen Duve. Gleiches gilt für **Esther Kormann** vom Verlag Galiani Berlin, wenn die Spur sich dort dann auch verlor.

Jedes Buch ist nur so gut wie jene, die noch einmal darüberschauen, weshalb mein Dank an **Lina Goege** geht, die ja nicht zum ersten Mal für mehr Rechtschreibung in meinen Texten gekämpft hat – und die in diesem Fall unter anderem verhindern konnte, dass ich an einer Stelle Hans-Christian Andersen ganz gewaltigen Unfug andichten würde. Dazu gesellt sich ebenfalls nicht erstmalig auch **Julia Fink**, deren Anmerkungen, wenn auch letztlich *post causa*, durchaus hilfreich waren.

Einen besonderen Dank hat sich **Matthias Schaffrath** verdient. Er machte mich nicht nur auf den überaus spannenden „Jungfrauenadler" aufmerksam, der es jedoch wie alles Hybride aus der Welt der Blasonierung aufgrund von Platz und Fokus nicht in dieses Buch geschafft hat, sondern hatte auch nachhaltigen Einfluss dadurch, dass er mich überzeugte, anstelle von „anthropomorphen" Fisch-Mensch-Hybridwesen lieber von „humandoiden" Kreaturen zu schreiben. Zuletzt sei ihm dafür gedankt, dass er mir während der Vorbereitung dieser Buchveröffentlichung der Arbeit noch einen Weg zu Kenneth Hites „Tour de Lovecraft" aufzeigen konnte.

Weiterführend sei **Holger Göttmann** genannt, der mir seine Magisterarbeit „„The Hills Rise Wild' – Post-Colonial Perspectives in the Fiction of H.P. Lovecraft" zur Lektüre geben konnte, die zwar ebenfalls keinen direkten Einzug hielt, aber motivierend und inspirierend war. Im nächsten Atemzug sei aber auch **der deutschen Cthulhu-Community** gedankt, die sich auch mal einige Tage Zeit nahm, mich mit möglichen Primär- und Sekundärquellen zu bewerfen.

Eher im Geiste, aber dennoch von ganzem Herzen, möchte ich zudem **Dr. Holger Gehle** danken, dessen viel zu früher Tod ein Vakuum hinterlassen hat, der aber ewig in meinem akademischen Weg präsent sein wird, alleine, weil es ihm vor viel zu vielen Jahren innerhalb von 90 Minuten in meiner allerersten Vorlesung gelang, aus einem unsicheren Erstsemester einen begeisterten Germanisten zu machen. Es ist irgendwie nur angemessen, dass wir damals über Enzensbergers „lock lied" sprachen. Darüber hinaus sei aber im Grunde der gesamten **Germanistischen Literaturwissenschaft an der RWTH Aachen** gedankt, die mir eine exzellente Lehre angedeihen ließ.

In meinem Freundeskreis, abschließend, sei **Anke Simon** gedankt, die mich oft genug dann wieder anschob, wenn ich Motivation suchte. Ich danke meinen Freunden insgesamt dafür, dass sie immer neugierig waren und sind, und mich nicht zuletzt durch zahlreiche Fragen der Sorte „Moment, was genau ist dein Thema?!" auch dazu zwangen, es für mich selber möglichst genau zu formulieren. Es sind auch geduldige Freunde und ich bin dankbar dafür, dass sie trotz meinem Ausstieg aus fast allen sozialen Aktivitäten während der Arbeit an diesem Buch noch da waren, als ich danach die Zeit fand, es wiedergutzumachen. Die Familie des 21. Jahrhunderts, wie man so sagt.

Der oberste Dank jedoch gebührt abschließend **meiner Familie**, allen voran **meinen Eltern**. Alleine schon dafür, dass sie mit Engelsgeduld akzeptiert haben, dass ich weder den Weg reicher Informatiker noch geordnete Beamtenpfade beschritten, sondern mich einem so unberechenbaren Feld wie der Literatur und Literaturwissenschaft verschrieben habe.

Bibliographie

Primärliteratur

Duve, Karen: Im tiefen Schnee ein stilles Heim. In: Dies.: Keine Ahnung. Erzählungen. Frankfurt am Main: Suhrkamp 1999, S. 107ff.

Lovecraft, H.P: Der Schatten über Innsmouth. In: Ders.: Der kosmische Schrecken. Leipzig: Festa 2005, S. 181.

Lovecraft, H.P.: Schatten über Innsmouth. Suhrkamp: Frankfurt am Main 1990.

Lovecraft, H.P.: The Shadow over Innsmouth. In: Ders.: The Best of H.P. Lovecraft. Bloodcurling Tales of Horror and the Macabre. New York: Del Rey 1982, S. 262ff.

Ergänzende Primärliteratur

Blackwood, Algernon: … à cause du sommeil et à cause des chats. In: Ders.: Das leere Haus. Frankfurt am Main: Suhrkamp 1997, S. 99ff.

Chambers, Robert W.: The Harbor-Master. In: Ders.: The King in Yellow and other horror stories. Mineola: Dover Publications 1970, S. 214ff.

Cobb, Irvin S.: Fischkopf. In: Festa, Frank (Hg.): Lovecrafts dunkle Idole. Almersbach: Festa 2002, S. 72ff.

Duve, Karen; Völker, Thies: Lexikon der berühmten Tiere. Von Alf und Donald Duck bis Pu der Bär und Ledas Schwan. München: Piper 1999.

Lovecraft, H.P.: Anmerkungs- und Notizbuch. In: Ders.: Azathoth. Vermischte Schriften. Ausgewählt von Kalju Kirde. Frankfurt am Main: Suhrkamp 1997, S. 268ff.

Lovecraft, H.P.: Autobiographie. Einige Anmerkungen zu einer Null. In: Ders.: Azathoth. Vermischte Schriften. Ausgewählt von Kalju Kirde. Frankfurt am Main: Suhrkamp 1997, S. 243ff.

Lovecraft, H.P.: Die Literatur der Angst. Frankfurt am Main: Suhrkamp 1995.

Lovecraft, H.P.: Lovecrafts Notizen zu Der Schatten über Innsmouth. In: Ders.: Der kosmische Schrecken. Leipzig: Festa 2005, S. 297ff.

Lovecraft, H.P.: Verworfene Fassung von Der Schatten über Innsmouth. In: Ders.: Der kosmische Schrecken. Leipzig: Festa 2005, S. 305ff.

Sekundärliteratur

Alpers, Hans Joachim; Fuchs, Werner; Hahn, Ronald M.: Lexikon der Horrorliteratur. Erkrath: Fantasy-Productions 1999.

Alpers, Hans Joachim; Fuchs, Werner; Hahn, Ronald M.; Munsionius, Jörg M.; Urbanek, Hermann: Lexikon der Fantasy-Literatur. Erkrath: Fantasy-Productions 2005.

Bächtold-Stäubli, Hanns; Hoffmann-Krayer, Eduard: Handwörterbuch des deutschen Aberglaubens. Band II. Berlin/Leipzig: De Gruyter 1930.

Bagley, Petra M.: Granny Knows Best: The Voice of the Granddaughter in 'Grossmütterliteratur'. In: Bartel, Heike; Boa, Elizabeth: Pushing at Boundaries. Approaches to Contemporary German Writers From Karen Duve to Jenny Erpenbeck. Amsterdam, New York: Editions Rodopi 2006, S. 151ff..

Beit, Hedwig von: Symbolik des Märchens. Versuch einer Deutung. Bern/München: Francke-Verlag 1971.

Bloch, Robert: Heritage of Horror. In: Lovecraft, H.P.: The Best of H.P. Lovecraft. Bloodcurling Tales of Horror and the Macabre. New York: Del Rey 1982, S. vii ff.

Daemmrich, Horst S. und Ingrid: Themen und Motive in der Literatur. Tübingen: Francke Verlag 1987.

Feldmann, Joachim: Lust an der Fiktion. Online im Internet: http://www.freitag.de/autoren/der-freitag/die-lust-an-der-fiktion. Aufgerufen am 28. 10. 2012.

Festa, Frank: Irvin S. Cobb. In: Festa, Frank (Hg.): Lovecrafts dunkle Idole. Almersbach: Festa 2002, S. 71.

Hage, Volker; Schreiber, Matthias: Ich stehe gerne im Regen. Ein Interview mit Karen Duve. In: Der Spiegel: 41/1, S. 255ff.

Henschel, Christiane; Jahn, Bruno (Redaktion): Killy Literaturlexikon. Berlin: de Gruyter 2008.

Houellebecq, Michel: Gegen die Welt, gegen das Leben. Reinbek bei Hamburg: Rowohlt 2007.

Joshi, S.T.: H.P. Lovecraft. Leben und Denken. In: Rottensteiner, Franz: Über H.P. Lovecraft. Frankfurt am Main: Suhrkamp 1984, S. 12ff.

Joshi, S.T., Schultz, David E.: An H.P. Lovecraft encyclopedia. Westport: Greenwood 2001.

Joshi, S.T.; Schultz, David E.: Anmerkungen zu Der Schatten über Innsmouth. In: Lovecraft, Howard Phillips: Der kosmische Schrecken. Leipzig: Festa 2005, S. 271ff.

Jung, Carl Gustav: Über die Archetypen des kollektiven Unbewussten. In: Ders.: Die Archetypen und das kollektive Unbewusste. Olten, Freiburg im Breisgau: Walter 1976, S. 11ff.

Jung, Carl Gustav: Symbole und Traumdeutung. Ein erster Zugang zum Unbewussten. Zürich, Düsseldorf: Walter 1998.

Koseler, Michael: Anmerkungen zur Erzählkunst Howard Phillips Lovecrafts. In: Rottensteiner, Franz: Über H.P. Lovecraft. Frankfurt am Main: Suhrkamp 1984, S. 85ff.

Lévy, Maurice: Lovecraft. A Study in the Fantastic. Detroit: Wayne State University Press, 1988.

Müller, Heidelinde: Das 'literarische Fräuleinwunder' – Inszenierung eines Medienphänomens. In: Nagelschmidt, Ilse; Müller-Dannhausen, Lea; Feldbacher, Sandy (Hg.): Zwischen Inszenierung und Botschaft. Zur Literatur deutschsprachiger Autorinnen ab Ende des 20. Jahrhunderts. Berlin: Frank & Timme 2006, S. 39ff.

Neuhaus, Stefan: Märchen. Tübingen: Francke 2005.

Opitz, Michael; Opitz-Wiemers, Carola: Tendenzen in der deutschsprachigen Gegenwartsliteratur seit 1989. In: Beutin, Wolfgang et al.: Deutsche Literaturgeschichte. Von den Anfängen bis zur Gegenwart. 6., verbesserte und erweiterte Auflage. Stuttgart, Weimar: Metzler 2001, S. 660ff.

St. Armand, Barton Levi: Die Fakten im Falle H.P. Lovecraft. In: Rottensteiner, Franz: Über H.P. Lovecraft. Frankfurt am Main: Suhrkamp 1984, S. 159ff.

The Holy Bible. King Jams Version. Peabody: Hendrickson 2011.

Ergänzende Literatur

Gerr, Elke: Das große Vornamenbuch. Baden-Baden: Humboldt 2003.

Gove, Philip Babcock (Hg.): Third New International Dictionary of the English Language Unabridged. Springfield: Merriam-Webster 1993.

Myers, David G.: Psychologie. Heidelberg: Springer Medizin Verlag 2004, 2008.

Shakespeare, William: The Tempest. In: Ders.: The Complete Works of William Shakespeare. New York, Toronto, London, Sydney, Auckland: Random House 1997, S. 1ff.

Thomas Michalski

Sachbücher und Belletristik

Einfach Filme machen
18,95 Euro

ISBN:
978-3-8391-2481-9

Jeder kann Filme machen!

Man braucht dafür keine Multi-Millionen-Dollar-Budgets, keine aufwendigen Spezialeffekt-Werkstätten oder weltberühmte Stars. Was man braucht ist vor allem eine spannende Idee, eine Kamera und etwas Kreativität.

Das nötige Hintergrundwissen hingegen findet man in diesem Buch. Vom Schreiben des Drehbuchs und Planen der Drehtage, vom Suchen und Finden von Crew und Schauspielern, über Equipment, Inszenierung, Schnitt und Spezialeffekte bis hin zum Marketing verrät einem Einfach Filme machen alles, was man wissen muss.

Hier werden professionelle Theorie mit Tipps und Tricks aus Jahren des No-Budget-Filmens vereint wie es bisher noch nie geschehen ist.

Verfluchte Eifel
7,95 Euro

ISBN:
978-3-8391-5109-9

Dunkle, schauerliche Wälder und geheimnisvolle, im Nebel verborgene Moore – die Eifel kann ein sehr gruseliger Ort sein. Das merken auch immer wieder Fremde, die sich in diese kalte und regnerische Region wagen.

In „Das Dorfgeheimnis" ist es ein junger Mann, der eigentlich einen Freund besuchen möchte, doch als er diesen nicht antrifft, auf die Spur eines grässlichen, weit in die Geschichte eines Eifeldorfes reichenden Geheimnisses stößt.

In „Verfluchte Eifel" machen sich fünf Studenten auf in die Region, um einerseits Urlaub zu machen, andererseits aber auch, um einer alten Legende um einen mysteriösen Kirchenraub nachzugehen. Doch nicht nur geraten sie so einigen örtlichen Verbrechern in die Quere, auch an der Legende scheint mehr dran zu sein, als den jungen Leuten lieb sein kann.

Das Leben ist hart in Condra. Ein karges, schroffes Land, in dem die Sommer verregnet und die Winter eiskalt sind. Viele Geschichten erzählt man sich über diese Region, manche sind vielleicht erlogen, doch in jeder steckt ein Funken Wahrheit. Es sind Geschichten von einem kleinen Volk, dass zu seiner Stärke fand, als es übermächtigen Feinden trotzen musste, es sind Geschichten über Einigkeit und Verrat, Glauben und Betrug, Geschichten von Helden und Halsabscheidern – und all dies nicht selten vereint in ein- und derselben Person.

Dieses Buch vereint sieben Kurzgeschichten von sieben Autoren, angesiedelt in der fiktiven Welt Condra. Jeder der Geschichten kann für sich alleine gelesen werden und gibt jeweils einen ganz speziellen Einblick in die Region und ihre eigenwillige Bevölkerung.

Herausgegeben von Thomas Michalski

Die blaue Gans
Geschichten aus Condra

Erscheint 2013

Als eine junge Frau tot in einer Hütte im Wald aufgefunden wird, scheint die Liste offener Fragen kaum ein Ende zu nehmen: Wer ist sie? Warum liegt sie dort im Wald? Wer hat sie ermordet – und warum?

Journalist Philipp Kreil kann sich mit der offiziellen Erklärung, es sei eine willkürliche Tat gewesen, nicht zufrieden geben. Gemeinsam mit seiner jungen Kollegin Karin beginnt er eigene Nachforschungen. Die Spuren führen sie zur ansässigen Universität – gibt es in den Mauern ihrer Alma Mater ein Geheimnis, das einen Mord wert ist?

Schleier aus Schnee
Kriminalroman

Erscheint 2013/2014

Wenn Zwerge Jagd auf Drachen machen, wenn eine junge Frau einem fernen Licht ins Moor folgt, wenn sich ein junges Paar im Wald verirrt und Obdach bei einer unheilvollen Frau findet während ein altes Paar über Vergänglichkeit sinniert, wenn in der perfekten Zukunft ein Mord geschieht und in dunklen Nächten Geister, Feen und Gespenster umgehen, so sind all dies Fragmente. Es sind Scherben, herausgebrochen aus größeren Welten und sorgsam drapiert für jene, die sie sehen wollen.

Weltenscherben ist ein Kurzgeschichtenband, der quer durch alle Genres zusammengetragen wurde. Manche spielen in unserer Welt, manche in einer, die unserer sehr ähnelt. Einige führen in eine ferne Zukunft, andere in eine lange vergessene Vergangenheit.
Begleitet werden die Texte von einer kleineren Zahl Gedichte sowie einem Sachtext.

Weltescherben
Kurzgeschichten

Erscheint 2014

Weitere Empfehlungen

Die größte Schwierigkeit eines Autors ist es auch heute noch, ein Publikum für sich und sein Schaffen zu finden. Die Bücher auf den nachfolgenden beiden Seiten wurden von Freunden von mir verfasst, doch ihre Erwähnung ist mehr als ein Freundschaftsdienst.

Es sind die Bücher von jungen, aufstrebenden Kreativen, die Beachtung verdienen. Es sind Bücher, die im Selbstverlag veröffentlicht wurden und demnach bar großer Werbebudgets und weitreichender Vermarktung erschienen, die aber dennoch mehr als einen Blick wert sind.

Markus Heinen:
Kritzeleien
15,00 Euro

ISBN:
978-3-8370-3834-7

„Kritzeleien" vereint, mal mehr, mal weniger, genau das, was der Titel verspricht: Bilder, Zeichnungen und graphische Ideen.

Markus Heinen zeichnet schon, solange er sich erinnern kann. Sein erstes Buch enthält eine kleine Auswahl seiner Werke, gesammelt und zusammen getragen und zum ersten Mal in Buchform erhältlich.

Also nehmen Sie sich ein paar Minuten, oder ruhig auch etwas mehr Zeit, um einen Blick hinein zu werfen ... und wenn Sie danach Lust haben, auch etwas zu zeichnen oder Ihrer Kreativität freien Lauf zu lassen, hat sich der Kauf doch in jeden Fall gelohnt.

Julia Osterbrink:
Living Fantasy
14,95 Euro

ISBN:
978-3-8391-33971-4

Roll for initiative!

What is a role playing game?
What kinds of games are there?
What Genres exist?
What's about those strange dice?
And why do I never understand a role player when he talks about his hobby?

Living Fantasy offers an in-depth look on the entire role playing scene. Focussing on the tables of the Pen&Paper gamers, but also ranging from the woods and forests of Live Action Role Playing over the digital worlds of the Massively Multiplayer Online Role Playing Games to the omnipresent adaptions of role playing concepts in everyday life, Julia Osterbrinks book details the rites and customs, language and in-jokes of this creative, multi-layered, vibrant sub-culture.

Shakespeare and his work have inspired many books by literary scholars and historians throughout the century. Yet the problem stated above has been an essential part in all of them. What can we know about a man of whom nothing is known, except what we chose to let his characters say and do? Can there really be any certainty about Shakespeare's opinions, thoughts, ideas, even on the most trivial matters? Isn't this a dangerous confusion of person and fiction?

This essay will not try to find certainty among the many statements made about author and work over the years but try to relate some of Shakespeare's 'non-historical' plays to contemporary politics – one part dedicated to the English Renaissance as a century of change and progress, the other part literary analysis of Shakespeare's plays with consideration of this political zeitgeist.

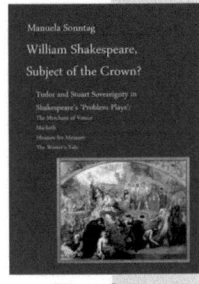

Manuela Sonntag:
William Shakespeare,
Subject of the Crown?
14,99 Euro

ISBN:
978-1-4092-9508-2

Wir alle sind ständig auf der Suche.
Auf der Suche nach Glück, Liebe, Geld, Macht oder dem Sinn unseres Lebens. Rebecca Curtis ist da keine Ausnahme.

Obwohl ihr Leben eine Blaupause für amerikanisches Familienglück zu sein scheint, kann sie den Verlust ihrer ersten großen Liebe nicht akzeptieren. Doch als sie beginnt sich mit dem Sinn ihres Lebens auseinanderzusetzen, führt sie die Suche nicht nur in ein unbekanntes Land, sondern schickt sie auch auf eine Reise in die Vergangenheit, die ihr bisheriges Leben völlig auf den Kopf stellt.

Mitten in den grünen Hügeln Irlands begegnet sie Hass und Liebe, Intrigen, Mord, Freundschaft und Erfüllung und muss lernen, dass manchmal nur der weiteste Weg zu uns selbst führt.

Manuela Sonntag:
Der Rosenfriedhof
19,99 Euro

ISBN:
978-1-4452-1541-9

Fürchmal für den Autor – ist eine Kurzgeschichte ein Fenster in eine größere Erzählung. Ein helles Spotlight, das nur einen kleinen Teil eines Lebens, ein den Leser – und auch mancher Handlung oder einer Idee beleuchtet und den großen Kontext im Dunklen lässt.
Wenn wir eine Kurzgeschichten-Sammlung lesen, schlendern wir also eine bunte Schaufensterpassage entlang, hinter jedem dünnen Glas eine neue Idee, ein neues Bild, eine neue Geschichte.
Diese Fenstergalerie zu entwerfen, war meine erste Motivation Kurzgeschichten zu schreiben. Und auch wenn es sehr viel Herzblut und Inspiration kostet, so viele kleine Funken zusammenzubringen, bleibt doch das gute Gefühl, dass jede dieser kurzen Geschichten das Potential in sich trägt eine große, eigenständige Saga zu werden, wenn man sie ließe.
Statt „Kurzgeschichten & Gedichte" zu präsentieren, maßt sich dieses Buch an eine neue Form von Literatur zu definieren: Bonsai-Geschichten! Kleine Stücke aus ungeschriebenen Büchern, garniert mit ein paar Gedichten und einem kleinen Exkurs in die Literaturwissenschaft, kunstvoll kondensiert und unbehindert von jeglichen inhaltlichen oder quantitativen Definitionsversuchen.

Manuela Sonntag:
B(r)uchstücke

Erscheint Ende 2013

Mehr von Thomas im Internet:

Webseite: http://www.thomas-michalski.de
Twitter: @seelenworte
Fotografie: http://thomasmichalski.daportfolio.com